Walk the Talk
Authentisch kommunizieren
NLP-Taschenguide für Führungskräfte
Guenther Hansen

Walk the Talk

**Authentisch kommunizieren
NLP-Taschenguide für Führungskräfte**

Guenther Hansen

NLP Akademie Kiel

Bibliografische Information der Deutschen Nationalbibliothek: Die Deutsche Nationalbibliothek verzeichnet diese Publikation in der Deutschen Nationalbibliografie; detaillierte bibliografische Daten sind im Internet über dnb.dnb.de abrufbar.

Gestaltung + Satz: meyerbogya.de

Verlag:
BoD · Books on Demand GmbH,
In de Tarpen 42, 22848 Norderstedt, bod@bod.de

Druck:
Libri Plureos GmbH, Friedensallee 273, 22763 Hamburg

ISBN: 978-3-7693-5457-7

NLP Akademie Kiel

Inhalt

Alles Reden ist sinnlos, wenn das Vertrauen fehlt.

Franz Kafka

Kommunikation ist einer der wichtigsten Bereiche der Führungsarbeit: Es geht darum, Beziehungen zu gestalten, Inhalte, Zielsetzungen, Ideen, Vorschläge und Entscheidungen richtig zu vermitteln.

Entscheidend für den Erfolg dabei ist die Qualität der Kommunikation in der Interaktion mit allen Akteuren im Unternehmen, mit Kunden und Organisationen.

Offensichtlich gibt es ein weitverbreitetes, vages Unbehagen bei Mitarbeitenden in vielen Unternehmen mit der Kommunikationskultur, welches sich in Skepsis und innerer Distanz zu den Führungskräften widerspiegelt. Warum ist das so? Vielleicht liegt es an den abstrakten Sprachmustern, die gern in der Führungsarbeit eingesetzt werden, wenn es darum geht, sich nach allen Seiten abzusichern und Zustimmungsbereitschaft zur eigenen Position zu erzeugen.

Um hier Antworten zu finden, muss man sich auch mit den Begriffen Glaubwürdigkeit und Authentizität auseinandersetzen, die für das Zusammenleben der Menschen in der Gesellschaft und ihre Kommunikation von zentraler Bedeutung sind. Glaubwürdigkeit berührt und bewegt die Menschen.

Das Neurolinguistische Programmieren (NLP) bietet eine Menge hochwirksamer Instrumente an, mit denen die Kommunikation transparenter, einfacher und glaubwürdiger gestaltet werden kann. Dabei orientiert sich NLP vor allem an Nützlichkeit und Wirksamkeit. Deshalb wird es heute in allen gesellschaftlichen Bereichen und besonders in der

Arbeitswelt erfolgreich eingesetzt. Neuere Erkenntnisse aus der Neurowissenschaft bestätigen die Wirksamkeit von NLP. Es kombiniert neurobiologische, sprachwissenschaftliche und psychologische Ansätze, um aufzuzeigen, wie man glaubwürdig und authentisch kommunizieren sowie eine gute Beziehung zu allen Menschen aufbauen und halten kann.

Im ersten Teil der Fibel werden Sie mit Herkunft und Grundlagen des Neurolinguistischen Programmierens sowie den Grundsätzen gelungener Kommunikation vertraut gemacht. Teil zwei führt Sie ein in die Kunst, die Verschiedenartigkeit Ihrer Kommunikationspartner zu entdecken und deren Bedürfnissen gerecht zu werden. Die nötigen Sprachwerkzeuge dazu finden Sie im dritten Teil der Fibel, der vierte Teil hilft Ihnen, sich selbst besser kennenzulernen.

Eine positive Grundeinstellung zu sich selbst und zu den anderen Menschen sowie eine authentische Kommunikation sind wesentliche Bausteine für die Errichtung einer Brücke, die geeignet ist, Menschen dort abzuholen, wo sie stehen.

Um Ihnen das Lesen dieser Fibel zu erleichtern, habe ich auf doppelte Formulierungen und politisch korrekte Schreibweisen wie Gesprächspartnerin und Gesprächspartner, GegenüberIn oder Sender*innen verzichtet und stattdessen in der Regel die männliche Form gewählt.

Da es sich bei diesem Buch um eine Fibel handelt, erwarten Sie neben prägnanten Kapiteln auch knappe Lektionen, die Ihnen helfen, das Gelernte praktisch einzuüben.

Erster Teil: Einführung in die Grundlagen des NLP

2. Kommunikation und Glaubwürdigkeit

Wer als Führungskraft erfolgreich sein will, muss seine Persönlichkeit im Unternehmen und in der Öffentlichkeit authentisch und kongruent präsentieren können. Authentizität wird jedoch nur dann erreicht, wenn es gelingt, sein „wahres Selbst" zu zeigen und seine tiefsten Bedürfnisse zum Ausdruck zu bringen. Das erfordert, sich selbst und seine Gefühle genau zu kennen.

Ein positives Selbstbild von sich ist eine grundlegende Voraussetzung, um andere Menschen akzeptieren und verstehen zu können. Es ist zugleich die Basis für erfolgreiches Handeln: Aktiv hinhören, sich in die Menschen mit ihren Sorgen hineinversetzen, Diversität anerkennen und tolerieren, vermitteln, moderieren, Ideen entwickeln und realisieren.

Mitarbeitende brauchen glaubwürdige Führungskräfte mit Vorbildcharakter. Daher gilt es immer wieder das eigene Handeln auf Wahrhaftigkeit zu überprüfen: Nur wer wirklich an das glaubt, was er sagt, bewegt die Menschen. Walk your talk heißt die Devise. Echte Begeisterung für die eigenen Ideen ist die besten Voraussetzung, um Mitarbeitende für sich zu gewinnen!

Führungskräfte werden immer und überall beobachtet und bewertet. Sie stehen immer unter dem Zwang, sozial erwartete Emotionen und das eigene Empfinden in Einklang zu bringen. Die wahrgenommene Authentizität von Führungskräften stellt ein wichtiges Kriterium für die Glaubwürdigkeit auch ihrer Kommunikationsinhalte und Entscheidungen dar. Die Mitarbeitenden schauen genau darauf, auf welche Art und Weise verschiedene Interessen berücksichtigt, Ideen vorangetrieben und Verhandlungen geführt werden. Die Hauptaufgabe von Führungskräften liegt jedoch in der Gestaltung von wertschätzenden Beziehungen, denn nur darüber können Mitarbeitende „berührt" werden.

Das Verhalten im Unternehmen spiegelt immer auch die innere Haltung gegenüber Menschen wider. Der österreichische

Philosoph und Kommunikationswissenschaftler Paul Watzlawick hat einst festgestellt, dass Menschen nicht nicht kommunizieren können. Es gilt also, die eigene verbale und nonverbale Kommunikation auf Kongruenz zu überprüfen. Führungskräfte sollten sich stets fragen, was sie tun können, damit sich die Mitarbeitenden willkommen und wertgeschätzt fühlen.

Gut ist, wenn Führungskräfte wissen, was sie sagen wollen. Besser ist aber noch, wenn sie auch wissen, wie sie es sagen sollen. Denn wer seine Mitarbeitenden erreichen will, muss ihre Sprache sprechen und die Botschaft prägnant, greifbar und klar formulieren! Und ob es eine Botschaft dann auch schafft, sich im Langzeitgedächtnis der Empfänger festzusetzen, unterliegt weiteren Faktoren. Je abstrakter man kommuniziert, desto geringer wird die Wirkung sein, denn eine Botschaft muss vor allem die Sinne ansprechen. Die sinnliche Wahrnehmung ist immer primär – ihre unbewusste Verarbeitung und emotionale Bewertung vollzieht sich im Bruchteil einer Sekunde.

3. Kommunikation und das Neurolinguistische Programmieren

NLP steht für Neurolinguistisches Programmieren und ist ein in den siebziger Jahren in den USA entwickeltes Kommunikations- und Motivationsmodell. Es wurde von dem Linguistikprofessor John Grinder und dem Mathematiker Richard Bandler durch die Modellierung von herausragenden Kommunikatoren entwickelt und wird in seiner heutigen Form in nahezu jedem Lebensbereich – Führung, Therapie, Sport, Gesundheit, Verkauf, Rhetorik, Beziehung angewendet.

NLP begreift sich als eine Methode, mit deren Hilfe man lernen kann, sich eigener und fremder Wahrnehmungs-, Denk- und Verhaltensmuster sowie seines Sprachverhaltens bewusst zu werden und diese zu erweitern bzw. zu ändern. Hinter dem Begriff verbirgt sich eine langjährige Forschung über die Struktur subjektiver Erfahrungen (wie Menschen die Welt wahrnehmen und darauf reagieren), von Kommunikation (wie Menschen sich sprachlich ausdrücken und verständigen) und von Verhaltensmustern (wie Menschen Gelerntes speichern und automatisch wiederholen).

Kurz gesagt, bedeutet NLP

- *NEURO* – Informationsaufnahme- und Verarbeitung durch die Sinnesorgane
- *LINGUISTISCH* – Einsatz von Sprache zur Organisation des Denkens und des Verhaltens sowie zur Kommunikation mit anderen und mit sich selbst
- *PROGRAMMIEREN* – Zielgerichtete Ausrichtung mentaler Prozesse zur Erzielung von Ergebnissen

Heute wissen wir aus der modernen Hirnforschung, dass NLP alles andere ist als Hokuspokus, die Wirksamkeit ist zwischenzeitlich neurowissenschaftlich bewiesen.

NLP bietet eine Vielzahl an Techniken, um die Transparenz und Wirksamkeit von Kommunikation zu überprüfen und zu verbessern. Viele Botschaften sind meist abstrakt und erzeugen Mehrdeutigkeiten in den Köpfen der Menschen. Aus den Neurowissenschaften wissen wir heute, dass sinnliche, (an-) fassbare, Informationen wesentlich besser verstanden und vor allem behalten werden.

Der Nutzen von NLP im Alltagsgeschäft von Führungskräften liegt in den vielfältigen Möglichkeiten, das eigene Kommunikationsverhalten und Handeln effektiver zu gestalten, mehr Informationen zu gewinnen und die Kongruenz seiner Persönlichkeit ständig überprüfen zu können.

Wenn es Ihnen gelingt, sich die in diesem Buch beschriebenen Techniken und Fertigkeiten anzueignen, sind Sie in der Lage, zu jeder Person und zu jeder Gruppe eine starke Brücke aufzubauen, hin zu einer gelungenen Kommunikation.

Die Realität ist nur eine Illusion, wenn auch eine sehr hartnäckige.

Albert Einstein

Die NLP-Grundannahmen sind Fundament jeder erfolgreichen Kommunikation. Denn NLP ist nicht nur eine Sammlung wirksamer Werkzeuge und Techniken, sondern stellt auch eine Haltung dar. Und um als Führungskraft erfolgreich sein zu können, braucht es eine wertschätzende Haltung zu sich selbst und gegenüber anderen Menschen. Da ist die Verinnerlichung der Grundannahmen des NLP eine zwingende Voraussetzung für den Erfolg in Führung und Kommunikation.

Menschen reagieren nicht auf die Realität, sondern auf ihr Abbild der Realität.
Damit ist gemeint, dass sich Menschen bei ihrem Handeln an Vorstellungen orientieren, an ihren „geistigen Landkarten" und nicht an der Welt selbst. Eine Landkarte, also ein „Modell der Welt", spiegelt nicht punktgenau ein konkretes Gebiet wieder, sondern vielmehr dessen Struktur.

GRUNDANNAHMEN:

Meine Landkarte ist eine unter vielen
Jeder Mensch hat seine eigene innere Vorstellung von der Welt und sich selbst in dieser Welt. Persönliche Landkarten werden nicht nach richtig oder falsch beurteilt. Alle haben ihre Berechtigung. Im NLP sind alle Landkarten gleichberechtigt.

Das Beste für sich herausholen
Menschen treffen aus allen Optionen, die ihnen zur Verfügung stehen, die ihrer Meinung nach beste Wahl. Dabei greifen sie auf Erfahrungen und ihre Vorbilder zurück. Das

heißt, sie orientieren sich an Verhaltensweisen und Glaubenssätzen, die ihrer Ansicht nach für ihr Leben nützlich sind.

Handlungsspielraum verschaffen

Je mehr Wahlmöglichkeiten Menschen in einer Situation haben, desto flexibler können sie reagieren und desto größer ist ihre Chance, das gewünschte Resultat zu erreichen. Wer in einer Situation bloß eine begrenzte Anzahl von Möglichkeiten zur Auswahl hat, steckt schnell fest und weiß nicht mehr weiter, sobald sich alle Varianten als unbrauchbar herausstellen. Oft wird das Ziel dann aufgegeben. Viele verschiedene Handlungsoptionen ermöglichen es, flexibel auf Einflüsse von außen reagieren zu können und unsere Strategie den Umständen anzupassen.

Bewertung des Erreichten

Jedes Verhalten resultiert aus einer für die jeweilige Person positiven Absicht. Da jedoch stets das Resultat des Verhaltens entscheidend ist, gilt es zu prüfen, ob das tatsächliche Ergebnis auch der Absicht entspricht. Was ist das hinter dem Verhalten liegende positive Ziel? Wurde es durch das gewählte Verhalten erreicht?

Jeder ist sein eigener Problemlöser

Menschen besitzen alle Ressourcen in sich, die sie brauchen, um Probleme selbst zu lösen. Ressourcen können Erfahrungen, Erinnerungen, Wissen oder Bilder sein, die bei einem Problem weiterhelfen. Manch einer kann jedoch nicht darüber verfügen, weil der Zugang zu diesen Ressourcen blockiert ist.

Widerstand bedeutet mangelnde Flexibilität des Senders!

Der Widerstand des Empfängers einer Botschaft ist die Antwort auf die mangelnden Kommunikationsfähigkeiten des Senders. Denn der Sender trägt die Verantwortung für die Kommunikation. Widerstand zeigt sich in unzureichendem Vertrauen und fehlender Harmonie.

Jede Kommunikation hat einen Inhalts- und einen Beziehungs-aspekt, wobei letzterer den ersten bestimmt.
Noch bevor es zu einem inhaltlichen Austausch zwischen Sender und Empfänger kommt, besteht bereits eine Beziehung zwischen beiden, die sich in ihrem nonverbalen Verhalten zueinander zeigt. Der Beziehungsaspekt bestimmt, wie der Sender den Inhalt seiner Botschaft übermittelt. In Resonanz darauf reagiert der Sender. Wie, (nicht was) es in den Wald hineingerufen wird, so schallt es eben wieder heraus.

Die Akzeptanz für den Inhalt einer Kommunikation hängt also immer von der Beziehung zueinander ab. Ein beziehungsneutraler Austausch von Botschaften ist nicht möglich.

Wer die Ethik des NLP berücksichtigt, hat bereits einen wichtigen Schritt zur authentischen Kommunikation getan.

Das größte Problem mit der Kommunikation ist die Illusion, sie sei gelungen.

George Bernard Shaw

Führungsarbeit ist oft mühselig, kraft- und zeitraubend: debattieren, argumentieren, verhandeln, überzeugen und sich durchsetzen. Der Interpretationsrahmen ist dabei so groß, dass Missverständnisse und Miss-Stimmungen an der Tagesordnung sind. In der Kommunikation sollte es jedoch eher darum gehen, diese zu vermeiden und positive Stimmungen zu erzeugen.

Mit dem Einsatz von NLP ist das möglich. NLP beschäftigt sich mit der gelungenen Kommunikation mit sich selbst und anderen. Eine gelungene Kommunikation können Sie mit einer Fußballmannschaft vergleichen, wo es wichtig ist, dass jeder Spieler sein Können und Wollen perfekt beherrscht und das Zusammenspiel gelingt. Gemeinsam in einen Spiel-Rhythmus einzutauchen und sich aufeinander einzustimmen, macht den Erfolg aus.

Gelungene Kommunikation bedeutet wertschätzend mit sich und anderen in Verbindung zu stehen, Missverständnisse zu verringern, Vertrauen zueinander zu stärken und somit das Arbeitsleben erfolgreicher, zufriedener und gesünder zu gestalten. Dazu gehören die Fähigkeiten

- *ZIELE* zu formulieren
- *SPRACHE* effektiv einzusetzen
- Flexibel auf *VERÄNDERUNGEN* zu reagieren
- In der Lage zu sein, *POSITIVE ÜBERZEUGUNGEN* über sich und die Umwelt zu entwickeln.

Die Umsetzung der Axiome von NLP mit dem wertschätzenden und respektvollen Menschenbild ist die Grundlage für eine gelungene Kommunikation. Denn diese lässt sich nicht durch das Anwenden einiger Techniken erreichen, sie erfordert vielmehr eine ständige Überprüfung der eigenen inneren Einstellung.

Eine gelungene Kommunikation beinhaltet ein Beziehungsangebot, bei dem sichtbar wird, mit welchem Menschenbild wir unseren Kommunikationspartnern gegenübertreten.

NLP soll Ihnen helfen, sich neue Möglichkeiten in der Kommunikation zu erschließen. Alle hier beschriebenen Ideen und Impulse lassen sich sofort anwenden. Voraussetzung für den Erfolg ist das tägliche Üben in Gesprächen mit Freunden, Familienangehörigen oder Arbeitskollegen.

Gehen Sie nicht zu schnell vor und teilen Sie sich die Themen in kleine „Happen" auf, die Sie Schritt für Schritt in Ihre Alltagskommunikation integrieren.

6. Zustandsmanagement

Jede gelungene Kommunikation beginnt mit einem guten mentalen Zustand. Es geht zunächst darum, sich selbst in eine gute Verfassung, in einen guten Zustand zu bringen. Das ist als Einstieg wichtig, damit Gesellschafter, Mitarbeitende, Kollegen, Kunden und Mitbewerber eine Situation vorfinden, die positiv auf ihr Befinden wirkt.

Bewusst sehen, hören, fühlen, innovativ denken und transparent kommunizieren, können Menschen am besten, wenn sie nicht durch bedrückende Gefühle eingeengt sind. In einem guten Zustand stehen uns alle Fertigkeiten und Strategien zur Verfügung, um auch in schwierigen Situationen mit Kritik und Druck umgehen zu können.

Doch an manchen Tagen geht selbst zum Zeitpunkt des gewohnten Leistungshöhepunktes gar nichts mehr. In stressigen Zeiten und Krisen ist uns der Zugriff auf die eigenen Ressourcen nicht möglich, die Leistungsfähigkeit wird durch ein destruktives Gedankenkarussell blockiert und unsere Kommunikation zu uns selbst sowie zu anderen ist auf Missverständnisse und Konflikte programmiert. Stuck-State nennt man solch einen Zustand, der als blockiert, gestresst oder unangenehm empfunden wird.

Das genaue Gegenteil ist der Ressource-State. Dieser Zustand bringt alle Energiequellen zum Sprudeln, die persönlichen Fähigkeiten und positiven Energien sind zugänglich und verfügbar.

Da die Gegensätze zwischen den beiden Zuständen meist einfach zu groß sind, brauchen Sie einen Zwischenschritt in eine „neutrale Ecke". Diese wird als Separator-State bezeichnet, ein emotional unbeteiligter Zustand. In diesen Zustand kommen Sie am besten durch Ablenkung:

- *BEWEGUNG:* Aufstehen, Kopf, Arme, Schultern und Beine ausschütteln

- *RAUM* wechseln
- *AUSRUF:* „Mir langt es für heute!"
- Tasse *TEE ODER KAFFEE* trinken
- *OBST UND GEMÜSE* essen
- *BRAINJOGGING:* kleine Überkreuzbewegungen
  mit Fingern, Armen oder Beinen.

Manchmal kann es schwierig sein, während eines Meetings einen guten emotionalen Zustand aufrechtzuerhalten. Besonders dann, wenn Ihre Ideen oder Vorhaben von mehreren Seiten der Kritik ausgesetzt sind. Dabei können Sie leicht Ihren ressourcenreichen Zustand verlieren.

Und wie kommen Sie nun in den Ressourcen-State? Nun, Sie selbst entscheiden darüber, wie Sie sich fühlen wollen und können jederzeit den Zustand verändern. Denken Sie daran: Ihr Zustand entscheidet über den Erfolg Ihrer kommunikativen Ziele. Wenn Sie eine brillante Rede halten wollen, brauchen Sie einen brillanten emotionalen Zustand. Und das einzige, was Sie dafür benötigen, ist Ihre Erlaubnis.

Lektion 1: Ressourcenaktivierung

> Als erstes ist es wichtig, dass Sie sich Ihres inneren Zustandes bewusst werden und sich für einen Moment eine mentale Auszeit nehmen. Sie wechseln aus dem Separator- in den Ressourcen-Zustand. Suchen Sie sich einfach einen Platz, an dem Sie ungestört sind. Dann entspannen Sie sich. Nutzen Sie Ihre Fähigkeit, sich an eine angenehme Erfahrung intensiv zu erinnern. Schauen Sie sich dabei in Ihrer Umgebung um: Was genau können Sie wahrnehmen? Den Geruch von Blumen? Die Farbe eines Bildes? Stille im Raum?

> Verbinden Sie Ihre Wahrnehmung mit einem schönen Erlebnis. Oder lassen Sie Ihrer Phantasie freien Lauf. Nehmen Sie Ihren Körper wahr, die Temperatur Ihrer Hände und fühlen Sie die Lehne Ihres Sessels an Ihrem Rücken.

> Sobald Sie das Erlebnis voll vergegenwärtigt haben, vertiefen Sie sich darin und verstärken das Erleben. Nehmen Sie nun wahr, was genau es zu sehen gibt und was Sie hören. Holen Sie alle Details wieder hervor, vielleicht waren auch andere Menschen an der Situation beteiligt. Nehmen Sie wahr, wie stark das Gefühl jetzt ist, und wo im Körper Sie es spüren. Erlauben Sie sich, das vertiefte Gefühl noch etwas zu genießen. Wenn das Gefühl am tiefsten ist, verbinden Sie es mit einem Codewort.

> Nach ein paar Minuten können Sie diese Übung beenden. Machen Sie sich alle Ihre Wahrnehmungen noch einmal bewusst. Atmen Sie ein paar Mal tief ein und aus. Jetzt sind Sie mit geschärften Sinnen entspannt bereit für die nächste Sitzung.

> Wann immer Sie den Ressourcen-State benötigen, nennen Sie Ihr Codewort.

Zweiter Teil: Die Anderen kennenlernen

Den meisten Menschen fällt es viel leichter, nicht zuzuhören als nicht zu reden.

Ernst Ferstl

Das alte Sprichwort, dass Reden Silber und Schweigen Gold sei, stimmt im Arbeitsleben schon gar nicht. Zuhören vermittelt da eher einen passiven Zustand, während reden eher als aktiv und dynamisch betrachtet wird.

Zuhören sollte ganz einfach sein und doch ist es eine tiefgehende Erfahrung, die eigene Aufmerksamkeit ganz auf das Gegenüber, ob Kollege, Mitarbeiter, oder Kunde, zu richten und ihm intensiv zuzuhören, ohne das Gesagte zu bewerten, zu interpretieren oder ihn zu unterbrechen.

WIR UNTERSCHEIDEN VIER EBENEN DES ZUHÖRENS:

1. Hören: Die oberflächliche Ebene ist das Hören. Beim Hören registrieren wir die Klang-wellen der Stimme unseres Gegenübers. Wir hören jemanden sprechen und können dabei sogar an etwas Anderes denken oder etwas Anderes tun. Hören erfordert keine Aufmerksamkeit.

2. Zuhören: Die zweite Ebene ist das Zuhören, allerdings von der inneren Frage des Zuhörers begleitet, was das Gesagte für ihn bedeutet. Wir hören zwar zu, sind jedoch mit den eigenen Erfahrungen verbunden. Das geschilderte Erleben unseres Gegenübers ruft gewissermaßen unsere eigenen Erinnerungen auf. Diese Ebene des Zuhörens ist allenfalls für eine Alltagskonversation angemessen.

3. Gezieltes Hinhören: Die dritte Ebene ist das gezielte Hinhören. Wir warten geradezu auf ein Stichwort des Gesprächspartners. Wir haben zu den Äußerungen vielleicht eine Idee, filtern deshalb die Worte des anderen und selektieren, um ein Urteil zu fällen.

4. Aufmerksames Zuhören: Den Übergang vom gezielten Hinhören zum aufmerksamen Zuhören können Sie daran erkennen, dass Sie Ihre eigenen Anliegen und Befindlichkeiten gewissermaßen „parken". Der innere Dialog mit seinen Wertungen reduziert sich dabei auf ein Minimum. Sie nehmen wahr, was das Gesagte für den Sprechenden bedeutet und achten nicht nur auf den Inhalt, sondern auch auf die „Zwischentöne".

Der „Feind" des bewussten Zuhörens

Der innere Dialog ist der „Feind" des bewussten Zuhörens. Wenn wir uns selbst zuhören, können wir nicht unserem Gesprächspartner zuhören. Die inneren Fragen bedürfen einer Antwort: „Habe ich den Termin eingetragen?" - „Ich habe jetzt echt keine Lust mehr auf Debatte." „Was mache ich nur mit der Terminkollision?"

AUFMERKSAMES ZUHÖRERN ermöglicht Ihnen, viele Informationen sammeln zu können und dadurch der Realität des Gesprächspartners näherzukommen. Das Sammeln von sinnesspezifischen Informationen verschafft Ihnen Vorteile, weil Sie damit die Bedürfnisse Ihrer Gesprächspartner in Erfahrung bringen und so auf Mutmaßungen verzichten können. Ohne sinnesspezifische Informationen lässt sich bestenfalls nur raten, wo anzusetzen wäre, um Einfluss zu nehmen.

Tipp: Nehmen Sie sich jede Woche einmal Zeit um herauszufinden, wann hören Sie, wann hören Sie hin und wann hören Sie aufmerksam zu? Welche Art des Hörens überwiegt?

Jede Kommunikation hat einen Inhalts- und einen Beziehungsaspekt, derart, dass letzterer den ersteren bestimmt und daher eine Metakommunikation ist.

Paul Watzlawick

In den Diskussionen um die besseren Konzepte wird oft übersehen, dass die Wortwahl der Botschaft eine Bedeutung gibt. Während eines Gespräches oder in einer Diskussion und hier besonders in Argumentationsphasen, kann nämlich die Verwendung bestimmter Wörter negative Gefühle und damit unerwünschte Reaktionen bei einem Gesprächspartner auslösen. Das bessere Konzept ist dann für diesen Empfänger schon gar nicht mehr relevant.

Denn Worthülsen, die der Sprache die Klarheit nehmen, vermitteln Inkompetenz und Unehrlichkeit. Beispiele:

- *MÜSSTE* – Ich müsste = ich kann nichts tun, damit es anders wird
- *EVENTUELL* – unter Umständen tun wir etwas
- *IM REGELFALL* – normalerweise schon, aber bei Ihnen nicht
- *EIGENTLICH* – ist es so oder auch nicht so, sondern ganz anders.

Diese Worte können unbewusst Gefühle der Unsicherheit bei den Empfängern auslösen und deren Entscheidungsbereitschaft lähmen. Andere Wörter, wie z.B. „trotzdem", „dürfen" oder „aber", reizen Menschen oft zum Widerspruch, speziell dann, wenn diese Worte in der Vergangenheit (Kindheit) der Empfänger mit negativen Erlebnissen assoziiert werden.

Vermeiden Sie nicht nur mögliche Reizworte, sondern auch DU/SIE-Botschaften. Diese werden oft als Schuldzuweisungen verstanden und belasten das Gesprächsklima. Reizformulierungen in DU/SIE-Botschaften können nicht nur den Erfolg eines Gespräches sabotieren, sondern auch potentielle Bewerber in Einstellungsgesprächen vergraulen.

Beispiele:

- „Aber Sie müssen mir doch Recht geben ...“
- „Sie reagieren wie ein Kleinkind.“
- „Als engagierter Mitarbeiter müssten Sie das doch verstehen.“
- „Sie verstehen das ganz falsch ...“
- „Sie dürfen das Ganze aber nicht so sehen ...“
- „Wenn Sie ehrlich sind, müssen Sie mir ...“
- „Da haben Sie mit Sicherheit Unrecht.“

Nutzen Sie stattdessen ICH-Botschaften ohne Reizworte. Da eine ICH-Botschaft von der eigenen Wahrnehmung spricht, ist ihr schwer zu widersprechen. Auf die Aussage: „Ich bin fest davon überzeugt, dass...“, kann man nicht antworten: „Das ist nicht wahr!“

In der eigenen Sprache positive Formulierungen zu nutzen, ist eine Pflichtaufgabe für jede Führungskraft. Die positiv formulierte Sprache ist ein echter Motivator für das Gehirn. Gerade in Problemsituationen werden Menschen immer wieder dazu verführt, negativ zu denken, zu reden und damit entsprechend zu handeln. Negativ-Formulierungen sind im Arbeitsalltag geläufig und werden kaum mehr wahrgenommen, weil sie als selbstverständlich und vertraut empfunden werden. Hinter Negationen verstecken sich oft Unsicherheit und die Angst, Stellung zu beziehen, eine eigene Meinung zu haben und deutlich Ja oder Nein zu sagen.

Lektion 2: Positives Wording einsetzen

Statt schlecht mal einfach besser

Sie dürfen nicht .... Bitte machen Sie ...

Das können Sie nicht .... Sind Sie sicher, dass ...

Das geht nicht .... Das wäre möglich wenn ...

Das stimmt nicht! .... Kann es nicht sein, dass ...

Haben Sie das nicht verstanden? .... Wie finden Sie das?

Ich darf mich nicht
wieder verhaspeln............................ Ich werde flüssig vortragen.

Diesen Kunden dürfen
wir nicht verlieren! .... Diesen Kunden wollen wir behalten!

Das Reizwort ABER mit UND tauschen

Durch den Austausch des Wortes „aber" mit dem Wort „und"
können Sie Ihren Gesprächspartner zu einer offenen Haltung
führen, noch bevor Sie auf einen gerade vorgebrachten Einwand eingehen.

Stimmen Sie Ihrem Kontrahenten zunächst zu: „Ich kann
Ihr Argument gut nachvollziehen." Dadurch bauen Sie trotz
Kontroverse Rapport (siehe Kapitel 13) auf und können so
verhindern, dass Widerstand aufkommt. Im nächsten Schritt
entgegnen Sie mit Ihren Argumenten, ersetzen jedoch das
Wort „aber" durch „und".

Auf die Aussage: „Ich bin nicht Ihrer Meinung, ich werde
gegen dieses Vorhaben stimmen!" könnte Ihre Entgegnung
lauten: „Dafür habe ich Verständnis. Auch ich war nicht
immer dieser Meinung **und** als ich alle Pro- und Contras
betrachtet hatte, habe ich festgestellt, dass viel mehr gute
Gründe für dieses Vorhaben sprechen, als dagegen."

Weil es hilft

„Weil" ist ein magisches Wort, weil es das Gehirn auf Zustimmung programmiert, ungeachtet dessen, wie plausibel der konstruierte Kausalzusammenhang ist. Das Wort kann man erfolgreich nutzen, weil wir es mögen, Begründungen für alles zu hören.

> Unser Gehirn hat im Laufe unseres Lebens manche „Faustregeln" fest verankert, um Energie und Zeit zu sparen.

> Auf die Frage „Warum?" enthält die Antwort das Wort "Weil!". Und weil die Prüfung, ob ein angegebener Grund auch plausibel ist, sehr kompliziert sein kann und wertvolle Energie kostet, nutzt unser Gehirn oft einfach eine Faustregel. Es reicht ihm das Wort „weil" aus, um das, was vor dem „weil" kommt, zu glauben. Die automatische Überprüfung wird abgeschaltet.

> Das funktioniert jedoch nur dann, wenn das „Argument" nach dem Weil mit dem Wertesystem des Gesprächspartners im Einklang steht und nicht offensichtlich falsch ist.

VERSUCHEN Sie nichts, tun Sie was!

Etwas zu *VERSUCHEN* ist reine Zeitverschwendung. Überlegen Sie einmal, wie oft Sie oder Ihre Kollegen versucht haben, etwas zu tun oder zu lassen: „Ich versuche, den Kunden Meier heute noch anzurufen" oder „Ich will versuchen, Ihre Anregungen umzusetzen."

> Und wie sahen die Ergebnisse der Versuche aus? Der *VERSUCH* lenkt die Aufmerksamkeit und Energie nicht auf die Aktivität, sondern auf den *VERSUCH* als vermeintliche Tat. Als Führungskraft geben Sie weder den Startschuss noch das Unterlassungssignal. Mit *VERSUCHEN* treffen Ihre Mitarbeitenden keine Entscheidung, sie sagen weder Ja noch Nein.
> Streichen Sie einfach das Wort *VERSUCHEN* aus Ihrem Vokabular!

Implikationen

Motivierende Sprachmuster sind Ressourcen, die auf dem Weg zum Ziel implizieren, dass Sie es erreichen können.

Beispiele:

- „Vielleicht sind wir unter unseren Möglichkeiten geblieben und habe das Potential noch nicht voll ausgeschöpft."
- „Es ist nur eine Frage der Zeit, bis wir unsere Fähigkeiten so nutzen, dass wir die Unternehmensziele erreichen."
- „Unsere Unternehmen weiß noch gar nicht richtig, was in ihm steckt."
- „Meine Mitarbeitenden brauchen noch ein wenig Zeit, um ihr Leistungspotential zielorientiert auszuschöpfen".
- „Ich bin neugierig, welche Stärken ich zur Zielerreichung bei mir noch entdecken kann."

Sobald der Geist

auf ein Ziel gerichtet ist,

kommt ihm vieles entgegen.

Johann Wolfgang von Goethe

Oftmals sind die eigenen oder die Anliegen anderer Menschen und Gruppen infolge eingeschränkter Wahrnehmung zu diffus formuliert, um daraus ein Zielbild zu entwickeln. Gründe sind nachlassende Motivation, allgemeines Unbehagen oder mangelnder Überblick. Für eine erfolgreiche politische Arbeit ist jedoch eine klare Zielformulierung unabdingbar.

Besonders bei der Zielfindung muss ausführlich und genau vorgegangen werden, Sie sind daher gut beraten, sich genügend Zeit zur Klärung zu nehmen, zumal ein präzise formuliertes (Kommunikations-) Ziel oft schon Lösungsansätze beinhalten kann. Häufig lassen sich Einschränkungen bei der Wahrnehmung als eigentliche Ursache mancher Probleme feststellen.

Beginnen Sie die Zielfindung damit, Ihr Vorhaben in sinnesspezifische Worte zu fassen. Sie müssen es sehen, hören, fühlen, riechen, schmecken und zählen können, um ein klares Zielbild entstehen zu lassen.

Formulieren Sie nun Ihr Ziel positiv ohne Negationen oder Vergleiche. Schreiben Sie die Dinge auf, die Sie wollen und nicht, was Sie nicht wollen. Niemand notiert sich auf dem Einkaufszettel, was er nicht kaufen will.

Ungeeignete Formulierungen:

* Ich möchte entspannter mit schwierigen Mitarbeitern umgehen

- Ich will nicht mehr gestresst mit schwierigen Mitarbeitern umgehen
- Ich werde entspannt mit schwierigen Mitarbeitern umgehen

Korrekt:

- Ich gehe entspannt mit schwierigen Mitarbeitern um

Zur ersten Formulierung: Entspannter als was? Ihr Unterbewusstsein weiß nicht, wohin es steuern soll. Bei der zweiten Formulierung kann Ihr Unterbewusstsein die Negation nur bedingt verarbeiten. Sie können nicht an *KEINEN STRESS* denken, ohne zuerst an einen gedacht zu haben! Die dritte Formulierung: Wenn es Ihr Ziel ist, dass Sie etwas tun werden, dann ist Ihr Ziel mit dem Satz schon erreicht.

Nach der positiven Formulierung ist Ihr nächster Schritt die Erstellung einer Liste aller Ressourcen, die Ihnen zur Verfügung stehen. Das können persönliche Qualitäten sein, Unterstützer und Kontakte oder Material, das Sie nutzen können.

Bestimmen Sie nun Ihr Ziel so spezifisch wie möglich. Handelt es sich um ein kurz- oder langfristiges Ziel? Was genau wollen Sie? Wo soll das stattfinden? Wann geht es los, wo und in welchem zeitlichen Rahmen? Je genauer Sie das Zielbild beschreiben, desto klarer können Sie es sich vorstellen.

Prüfen Sie, ob Ihr Ziel stimmig ist. Vergewissern Sie sich, ob das Ziel es wert ist, erreicht zu werden oder ob es irgendetwas gibt, was Sie noch zurückhält. Eine innere Stimme, die Bedenken vorträgt, z.B. dass Sie nun weniger Zeit für die Familie haben werden.

Als nächsten Schritt bauen Sie eine Möglichkeit der Kontrolle ein, Ihr Ziel muss messbar sein. Woran erkennen Sie, dass

Sie Ihr persönliches Ziel erreicht haben? Was werden Sie dann wissen? Was gibt es zu sehen, zu hören und wie werden Sie sich fühlen?

Die Wirklichkeit wird nicht von uns entdeckt – sie wird von uns erschaffen.

Antoine de Saint-Exupéry

Unter Wahrnehmung versteht man in der Regel alles, was Menschen über die fünf Sinne registrieren. Diese sinnesspezifische Wahrnehmung determiniert die Art und Weise, wie Erfahrungen und Erlebnisse verarbeitet und gespeichert werden. Die äußeren Reize werden über das Nervensystem durch elektrische oder chemische Signale in das Gehirn weitergeleitet. Dort entstehen dann Bilder, Geräusche, Töne und Empfindungen. Diese repräsentieren den äußeren Reiz.

Erkenntnisse aus der Neurobiologie zeigen auf, dass die Sinnesorgane in jeder Sekunde mit mehr als 11 Millionen Bits geradezu überflutet werden. Von dieser „Datenmenge" werden nur 40 Bits pro Sekunde bewusst erlebt. Die Fülle der im Gehirn ankommenden Botschaften wird gefiltert und verkürzt. So versucht das Nervensystem, die unglaubliche Menge von Sinneseindrücken mit Filtern zu organisieren und zu ordnen:

- *GENERALISIERUNG:* Erfahrungen werden verallgemeinert, um sie nicht wiederholen zu müssen. Das verhindert jedoch auch, dass neue Erfahrungen gemacht werden.
- *TILGUNG:* Tilgungen erlauben es, nur wichtige Informationen aufzunehmen und andere Informationen auszublenden. So kann man in der Cafeteria eine Zeitung lesen, während Mitarbeitende laut miteinander reden.
- *VERZERREN:* Verzerrung und Phantasie erlauben es, Erfahrungen um oder auch neu zu gestalten. So haben manche Menschen eine „blühende Phantasie".

Es ist also nicht möglich, die Welt an sich wahrzunehmen. Durch den selektiven Gebrauch unserer Sinne schaffen wir uns eine individuelle Realität.

Darüber hinaus beeinflussen auch noch neurologische, soziale, ideologische und individuelle Filter die Wahrnehmung. Die meisten Menschen nehmen oft nur das wahr, was sie zu sehen und zu hören erwarten. Unerwartete oder negative Informationen wirken sich dann im weiteren Prozess verallgemeinernd aus. Häufig wirken die ideologischen Glaubenssätze und persönlichen Bewertungen so stark, dass weniger und nur einseitig Informationen gesammelt werden.

In der Führungsarbeit gilt es, sich seiner Wahrnehmungsfilter bewusst zu sein. Grundsätzlich sollten Sie sich stets die Frage stellen, was an den eigenen Wahrnehmungen wirklich „wahr" oder Interpretation ist. Was genau haben Sie gesehen, gehört oder gefühlt? Die Überprüfung der eigenen Wahrnehmung eröffnet Ihnen die Möglichkeit, Ihre Bewertungen zu kontrollieren. Werturteile lassen Gefühle entstehen, die das eigene Erleben und Verhalten beeinflussen.

11. Nonverbale Feinabstimmung

Die genaue Wahrnehmung körpersprachlicher Signale ist eine wichtige Grundvoraussetzung zur Informationssammlung. Die unterschiedlichen Reaktionen von Menschen im Gespräch wahrzunehmen, gehört in das Standardrepertoire jedes professionellen Kommunikators. Die nonverbale Kommunikation macht den wesentlichen Teil eines Gesprächs aus, denn der Körper ist immer aktiv.

Doch worum geht es bei nonverbalen Signalen? Es geht um Wahrnehmung. Verschränkte Arme müssen nicht „Ablehnung" signalisieren und gerunzelte Augenbrauen können auch auf Kopfschmerzen deuten. Voraussetzung für den größtmöglichen Informationsgewinn und damit für eine gelungene Kommunikation ist der Grundsatz: Jeden Menschen erst individuell wahrnehmen und nicht auf Allgemeinheiten zu achten. Es gibt keine generelle Zuordnung für alle Menschen und eine in jeder Situation gültige Bedeutung von Körpersprache.

Die Deutung von Körpersprache ist Interpretation und deshalb in der Kommunikation eher als „Gesprächsstörer" einzustufen. Denn das „Warten" auf vermeintlich „verräterische" Signale seines Gegenübers verhindert eine offene Gesprächsatmosphäre. Jeder Interpretationsgedanke reduziert den verbalen Dialog und damit den Informationsgewinn.

Professionelle Kommunikatoren nehmen wahr, dass der Gesprächspartner bei bestimmten Aussagen die Mundwinkel verzieht, den Kopf hebt und senkt oder die Augen von rechts nach links bewegt. Nicht wahrgenommen wird, ob der Gesprächspartner glücklich, zufrieden, ängstlich oder gelangweilt aussieht.

Die Fähigkeit, die feinen nonverbalen Signale bei anderen Menschen deutlich zu erkennen, lässt sich trainieren. Kalibrieren nennt man diesen Prozess, mit dem man sich auf den anderen einstimmt, wenn dieser einen bestimmten Zustand anzeigt. Wichtige Indikatoren dabei sind Körperhaltung (Kopf, Schultern), Mimik (Mundwinkel, Augenbrauen, Stirn, Kinn), die Bewegung der Hände und Füße sowie Gesichtsfarbe, Blickrichtung, Atmung und Sprachmelodie. Menschen sehen eben nicht immer gleich aus, wenn sie gelangweilt, interessiert oder unsicher sind. Kalibrieren unterscheidet sich von Interpretieren dadurch, dass es auf genauer und intensiver Wahrnehmung beruht.

Beispiel: Ein Mitarbeiter zeigt stets eine gleiche Körperhaltung und Mimik, wenn es um Themen geht, die er scheinbar wenig beherrscht oder bei denen er ohne praktische Erfahrungen ist. Haltung und Mimik wechseln immer dann, wenn diese Person über Themen spricht, in denen sie schon Erfahrungen gesammelt hat und die sie beherrscht.

Hier werden die Antworten auf mögliche Fragen schnell und sicher sein.

Erkennen Sie im weiteren Verlauf des Interviews das äußere Muster wieder, können Sie auch hier auf den inneren Zustand der Person schließen. Kalibrieren ermöglicht also, die Reaktion des Gegenübers gewissermaßen zu „lesen" statt zu spekulieren.

Lektion 3: Wahrnehmung oder Interpretation?

Unterscheiden Sie zwischen Gedankenlesen (Interpretationen) und einer sensorischen Wahrnehmung. Kreuzen Sie die Sätze an, die sensorisch wahrgenommene Aussagen beinhalten.

1. Ich wusste, der Bewerber war aufgeregt und sein Herz schlug wie verrückt. ☐

2. Während ich ihr das Programm vorstellte, war ihre Atmung flach. ☐

3. Nach dem Gespräch hatte er einen eiskalten Ausdruck im Gesicht. ☐

4. Bei der Begrüßung waren ihre Handflächen ganz verschwitzt. ☐

5. Der Chef schien voll in seine Gedanken vertieft. ☐

6. Nach der Präsentation war die Assistentin sichtbar erleichtert. ☐

7. Der Bewerber sprach immer schneller und schneller. ☐

8. Die Auszubildende erblasste, als die Sprache auf ihre Fehler kam. ☐

9. Danach war Erleichterung auf ihrem Gesicht geschrieben. ☐

10. Ich bemerkte einen traurigen Ausdruck auf dem Gesicht des Vorsitzenden. ☐

11. Als Führungskraft erdrückte sie die Verantwortung. ☐

12. Der Unternehmer machte bei der Präsentation einen hilflosen Eindruck. ☐

▼ nächste Seite

☐ 13. Der Chef sah während der Wahl ganz erwartungsvoll aus.

☐ 14. Nach der Befragung waren seine Augen weit geöffnet.

☐ 15. Die Bewerberin sah nach der Entscheidung glücklich aus.

Auflösung:
2,4,7,8,14

Dritter Teil:
Brücken bauen

12. Multisensorische Sprache

Die Sinne sind uns die Brücke vom Unfassbaren zum Fassbaren.

August Macke

Im Veränderungsprozess werden viele Botschaften an die Mitarbeitenden gesendet, um diese zu überzeugen. Häufig bleibt dies Ansinnen ohne den gewünschten Erfolg.

Denn die meist abstrakten Botschaften erreichen zur Dekodierung nur einen kleinen Teil des Sprachzentrums im Gehirn des Empfängers, das ohnehin bei abstrakten Botschaften schnell abschaltet. Die bewusste Infokapazität des Menschen beträgt gerademal maximal 40 Bits pro Sek. – was etwa drei kurzen Wörtern entspricht. Als wissenschaftlich gesichert gilt heute, dass Informationen, die in sensorischen Botschaften eingebettet sind, wesentlich besser verstanden und behalten werden.

Metaphern, sinnes-spezifische Verben, bildhafte Vergleiche, klangvolle Sprache bieten den Vorteil, nicht nur größere Teil des Sprachzentrums zu aktivieren, sondern auch die jeweils relevanten sensorischen Verarbeitungsareale und die mit ihnen verbundenen Emotionen. Ob es eine Botschaft schafft, sich auch im Langzeitgedächtnis des Empfängers festzusetzen, hängt nach wissenschaftlichen Erkenntnissen von fünf Faktoren ab:

- EMOTIONALITÄT DER BOTSCHAFT – die sinnliche Wahrnehmung ist immer primär
- PERSÖNLICHE BEDEUTSAMKEIT – die Sprache der Zielgruppe sprechen
- INFORMATIONSLÄNGE – möglichst prägnant und klar
- Anzahl der SENSORISCHEN WAHRNEHMUNGS-KANÄLE – alle Sinne bedienen
- Aktivierungsgrad von HIRNAREALEN – je intensiver und vernetzter desto nachhaltiger

Wahrnehmungskanäle

Kommunikation beginnt mit unseren Gedanken, dabei benutzen wir Wörter um sie zu strukturieren. Albert Einstein hat einmal gesagt, dass Denken ohne Einsatz der Sinne nicht möglich sei. Wir verwenden die gleichen Wörter, die unsere Gedanken repräsentieren, um uns anderen Menschen mitzuteilen. Für die Wahrnehmung stehen jedem Menschen fünf Sinne zur Verfügung (sehen, hören, fühlen, schmecken, riechen). Durch Prägung mittels Erziehung, Sozialisation und individuelle Erfahrungen bevorzugen wir einen bestimmten Hauptwahrnehmungskanal, der sich in Sprache ausdrückt.

Äußere Wahrnehmung	Wahrnehmungskanal
Bilder	Visuell
Töne/Geräusche	Auditiv
Gefühle/Bewegung	Kinästhetisch
Geruch	Olfaktorisch
Geschmack	Gustatorisch

Die Kenntnis darüber, welchen Wahrnehmungskanal wir selbst und welchen die anderen Menschen bevorzugen, erleichtert uns die Kommunikation und macht sie wirkungsvoller – mit uns selbst und mit anderen.

- Menschen, die überwiegend *VISUELL* orientiert sind, sehen die Welt vor allem in Bildern.
- Menschen, die eher *AUDITIV* orientiert sind, sprechen gerne etwas länger und deutlich, sie sind wählerisch bei der Auswahl der Worte.
- Menschen, die mehr *KINÄSTHETISCH* orientiert sind, verwenden gern Geschichten. Sie brauchen für die Dinge ein Gefühl und Bewegung.
- Bei *OLFAKTORISCH* orientierten Menschen bestimmt der Geruchssinn die Wahrnehmung.
- *GUSTATORISCH* orientierte Menschen verarbeiten Informationen eher durch den Geschmackssinn.

Im Weiteren können wir aus Gründen der Vereinfachung die olfaktorische und gustatorische Wahrnehmung der kinästhetischen zuschlagen.

Vielen Menschen sind die Unterschiede in Wahrnehmung und Sinnes-Sprache gar nicht bewusst, doch ohne diese Kenntnisse können immer wieder Kommunikationsstörungen auftreten. So entsteht zum Beispiel auf der Beziehungsebene ein latenter Konflikt, weil jemand seinen Kommunikationspartner nicht auf dessen bevorzugten Wahrnehmungskanal sprachlich „bedient" oder weil das Sprechtempo und die Tonalität der Stimme beim Sender und beim Empfänger gänzlich unterschiedlich sind.

Je besser es Ihnen gelingt, die unterschiedlichen „Sprachen" der Menschen zu bedienen, desto mehr fühlen sich diese sich respektiert und verstanden. Durch den Einsatz „multisensorischer" Sprache wird die Kommunikation also ungleich wirkungsvoller.

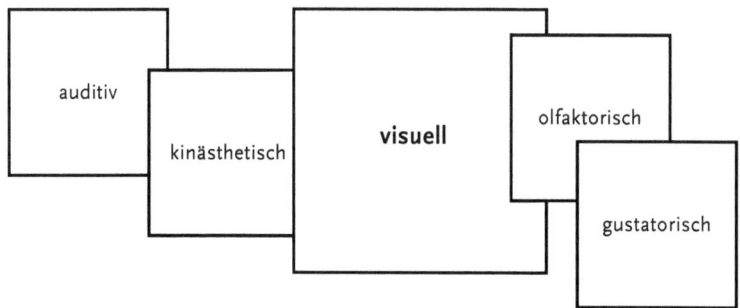

Beispiele von visuellen Wörtern:
visualisieren, reflektieren, klar, ausmalen, beobachten, sehen, anschauen, vorstellen, zeigen, vorhersehen, durchblicken, fokussieren, offenbaren, durchschauen, glänzend, strahlend, dunkel, weitsichtig, sichtbar, hell, deutlich, leuchtend, klar, finster, düster, verschwommen.

Horizont, Einsicht, Vision, Perspektive, Absicht, Bild, Aussicht, Entfernung, Rücksicht, Fokus, Vorstellung, Illusion.

Beispiele von auditiven Wörtern:
sprechen, diskutieren, rufen, brüllen, erwähnen, fragen, betonen, verkünden, seufzen, sagen, lauschen, zuhören, hören, verstehen, leise, monoton, ruhig, taub, hörbar, sprachlos, harmonisch, laut.

Frage, Akzent, Rede, Dialog, Diskussion, Melodie, Resonanz, Harmonie, Bemerkung, Rhythmus, Laute, Stille, Geräusch, Ton.

Beispiele von kinästhetischen Wörtern:
fühlen, begreifen, spüren, laufen, biegen, berühren, drücken, anfassen, greifen, weich, rau, glatt, schwer, gespannt, stark, warm, fest.

Druck, Gefühl, Empfinden, Gewicht, Spannung, Temperatur.

Beispiele visueller Sprachmuster
- sich von Angesicht zu Angesicht im Gespräch gegenübersitzen
- einen Blick auf die Unterlagen werfen
- bei Licht besehen,
- es ist kurzsichtig,
- nach den detaillierten Erläuterungen ging dem Chef ein Licht auf
- meiner Ansicht nach, sind alle Chefs...
- das sind ja düstere Aussichten im Verkauf!
- man kann mit solchen Ideen nur Aufsehen erregen
- statt Konzepte erstellen, lieber mit Kollegen im Trüben fischen
- niemals auf den Kunden von oben herabsehen
- mancher Bewerber kann sich durchaus sehen lassen

Beispiele auditiver Sprachmuster
- dem Chef die Ohren volljammern
- sich lieber nicht dem Gerede aussetzen
- leicht in Verruf kommen
- die Schande wird dann öffentlich ausposaunt
- wenn der Betriebsrat den Ton angeben

- der Neue die erste Geige spielen will
- der Abteilungsleiter sein eigenes Loblied singt
- etwas totschweigen geht gar nicht
- sondern energisch auf den Vertrag pochen
- jemanden im Interview vollschwatzen
- alle Vorstände heraus trommeln
- beim Geschäftsführer „Ja" und „Amen" sagen

Beispiele kinästhetischer Sprachmuster
- für die Karriere schon mal die Fühler ausstrecken
- beim Nachwuchs den Daumen draufhaben
- sich nie unter der Hand verkaufen
- als Führungskraft alle Fäden ziehen
- Ideen, die leicht von der Hand gehen
- wenn man alles auf den Kopf stellt
- wer Hals über Kopf entscheidet
- muss ein dickes Fell haben
- eine erhitzte Debatte
- mit der Tür ins Haus fallen
- keinen Druck ausüben auf den Mitarbeiter

Beispiele olfaktorischer Sprachmuster
- die Nase voll haben von schlechten Lieferanten
- einen guten Riecher für Mitarbeiterwünsche haben
- sich den Wind um die Nase wehen lassen
- irgendwas ist faul an den Unterlagen
- Dampf ablassen nach dem Gespräch
- herumstänkern gegen den Vorgänger
- eine stimmige Chemie zwischen Führungskraft und Mitarbeitende

Beispiele gustatorischer Sprachmuster
- der Chef hat den Mund recht voll genommen
- nicht auf den Mund gefallen
- das Gespräch hatte einen komischen Beigeschmack
- da kann es bitter sein, so ein Gespräch führen zu müssen
- doch niemand soll verbittert sein, wenn er nicht verstanden wird

Lektion 4: Testen Sie Ihr Sprachvermögen

Fügen Sie die fehlenden Sätze in der jeweiligen „Sprache" ein.

visuell	auditiv	kinästhetisch
Wie sehen Sie unser Programm?		Was halten Sie von unserem Programm?
	Was würden Sie zu diesem Vorhaben sagen?	
Wenn Sie in die Zukunft schauen, dann...	Wir fragen uns, welche Lösungen Sie anstreben?	
Fokussieren wir uns zunächst mal auf...		Ziehen wir erst den nächsten Punkt vor...
Das sehen wir doch etwas anders als Sie.	Gestatten Sie uns, Ihnen zu widersprechen.	
Ich möchte Ihnen kurzaufzeigen, wie...		Lassen Sie mich Ihnen das noch greifbarer machen...
Wir sehen da doch noch ein Problem.		Wir sind auf ein weiteres Problem gestoßen.
	Wie klingt denn unser neuer Vorschlag für Sie?	
Die heutige wirtschaftliche Lage sieht so aus...		
		Wir stecken da mittendrin in einem neuen Projekt.
	Das hört sich jetzt gar nicht gut an.	
		Ich mag meine Arbeit sehr gern.

Lösungsangebote finden Sie auf der folgenden Seite.

Lösungsangebote Lektion 4

visuell	auditiv	kinästhetisch
Wie sehen Sie unser Programm?	**Ihr Kommentar zu unserem Programm?**	Was halten Sie von unserem Programm?
Wie sehen Sie das Vorhaben?	Was würden Sie zu diesem Vorhaben sagen?	**Wie fühlt sich unser Vorhaben für Sie an**
Wenn Sie in die Zukunft schauen, dann...	Wir fragen uns, welche Lösungen Sie anstreben?	**Die Zukunft fühlt sich entspannt an**
Fokussieren wir uns zunächst mal auf...	**Hören wir erst einmal den nächsten Teil**	Ziehen wir erst den nächsten Punkt vor...
Das sehen wir doch etwas anders als Sie.	Gestatten Sie uns, Ihnen zu widersprechen.	**Da machen wir nicht mit.**
Ich möchte Ihnen kurzaufzeigen, wie...	**Lassen Sie mich Ihnen erläutern**	Lassen Sie mich Ihnen das noch greifbarer machen...
Wir sehen da doch noch ein Problem.	**Die Warnung vor dem Problem sollten wir nicht überhören**	Wir sind auf ein weiteres Problem gestoßen.
Wie sehen Sie den neuen Vorschlag?	Wie klingt denn unser neuer Vorschlag für Sie?	**Haben Sie schon ein Gefühl zu unserem neuen Vorschlag**
Die heutige wirtschaftliche Lage sieht so aus...	**Die heutige wirtschaftliche Lage klingt wie**	**Die heutige wirtschaftliche Lage fühlt sich wie**
Soweit man blicken kann, nur Projekt, Projekt, Projekt.	**Wir haben unsere Ohren nur dem Projekt gewidmet.**	Wir stecken da mittendrin in einem neuen Projekt.
Das sieht ja ganz übel aus.	Das hört sich jetzt gar nicht gut an.	**Das fühlt sich nicht gut an.**
Ich blicke mit Freude auf meine Arbeit	**Meine Arbeit erzeugt viel positive Resonanz in mir**	Ich mag meine Arbeit sehr gern.

Lektion 5: Sinn-volle Kommunikation mit Gruppen

> Bei einer Rede oder einem Vortrag können Sie natürlich nicht jeden einzelnen Wahrnehmungskanal Ihrer Teilnehmer kennen. Um jedoch alle mitnehmen zu können und jedem das Gefühl einer direkten Ansprache zu vermitteln, sprechen Sie alle Wahrnehmungskanäle an. Das hilft auch Ihnen, denn Sie werden dadurch gezwungen, auch die Sinnessprache einzusetzen, die Ihnen weniger liegt.

> Lassen Sie einen Wahrnehmungskanal aus, kann es passieren, dass die auditiv geprägten Teilnehmer Ihnen kein Ohr leihen, die visuell geprägten tappen vielleicht im Dunkeln und die kinästhetisch geprägten Teilnehmer finden den roten Faden Ihres Vortrags nicht.

> Beispiel: „Sehr geehrte Damen und Herren, lassen Sie mich Ihnen heute die neue Art des Zusammenlebens in unserer Gesellschaft aufzeigen (visuell). Gern beantworte (auditiv) ich am Ende des Vortrags Ihre Fragen(auditiv) und freue mich auf einen anregenden (kinästhetisch) und spannenden (kinästhetisch) Austausch.“

> Überzeugen Sie Ihre Gesprächspartner mit nur wenigen Worten durch die gezielte Anwendung sinnesspezifischer Sprachmuster, die direkt im Unterbewusstsein wirken.

Nicht, dass die Menschen

verschieden sind, ist gut,

sondern dass sie gleich sind.

Die Gleichen gefallen sich,

die Verschiedenen langweilen sich.

Bertolt Brecht

Das englische Wort „rapport" kommt von dem französischen Wort „rapporter" und bedeutet so viel wie „zurückbringen" oder „sich beziehen auf". Die englische Bedeutung – eine Beziehung in Harmonie, Übereinstimmung, Einklang oder Ähnlichkeit – weist auf die Wichtigkeit von Rapport in der Kommunikation hin.

Ein englisches Sprichwort besagt „When people are like each other they tend to like each other."

Wenn Freunde sich zum Essen treffen, dann lachen sie miteinander, beim Joggen laufen sie im gleichen Tempo, Tanzpaare s(ch)wingen im gleichen Rhythmus und die Fans eines Sportclubs tragen die gleichen Schals.

Im NLP wird Rapport als eine gegenseitige Beziehung bezeichnet, die von Harmonie und Verständnis geprägt ist. Häufig wird das Herstellen von Rapport auch als das Abholen einer anderen Person in ihrer Welt bezeichnet, eine Eigenschaft, die im Unternehmen von größter Wichtigkeit ist und in jeder Interaktion eine gute Voraussetzung für den weiteren Verlauf darstellt. Der Aufbau von Rapport zählt zu den wichtigsten Grundfertigkeiten im NLP und ist wesentlicher Bestandteil jeder gelungenen Kommunikation.

Rapport lässt sich bewusst durch das sogenannte Pacing herstellen und versetzt Sie in die Lage, eine gute Beziehung zu jedem Menschen aufbauen zu können. Pacing bedeutet, sich dem wahrnehmbaren Verhalten anderer Personen anzugleichen, indem Sie eine ähnliche Körperhaltung wie Ihr Gegenüber einnehmen und Stimme sowie Sprache an diesen anpassen. Im Rapport lassen sich Ihre Kommunikationsziele schnell erreichen.

Pacing ist ein angeborenes Verhalten, das funktioniert, weil Menschen unbewusst positiv auf wahrgenommene Ähnlichkeiten reagieren. Dabei spielt es kaum eine Rolle, ob es sich um unbewusstes oder bewusstes Pacen handelt. In der Regel erfolgt in beiden Fällen ein tiefer Rapport.

Auf jeden Fall sollten Sie beim Pacen darauf achten, dass Sie dabei natürlich und ungezwungen bleiben. Pacing bedeutet nicht, andere einfach nur zu imitieren. Das kann leicht als Nachäffen bewertet werden und zum Rapportabbruch führen.

Zahllose Untersuchungen haben bestätigt, dass Menschen stark darauf reagieren, wie etwas gesagt oder präsentiert wird. Der Inhalt selbst spielt eine eher geringe Rolle. Die stärkste Wirkung auf andere geht in der Regel von den Körperbewegungen aus, die man bei der ersten Begegnung macht.

Auch die Art und Weise, wie etwas gesagt wird, hat immense Bedeutung. Hierzu gehören die Betonung, die Lautstärke der Stimme und die Sprechgeschwindigkeit

In manchen Gesprächssituationen kann es sinnvoll sein, den Rapport zu unterbrechen. Wenn zum Beispiel eine Diskussion festgefahren scheint und die Emotionen hochgehen, kann eine Unterbrechung diesen Zustand „abkühlen", um nachher ein zielführendes Gespräch zu beginnen.

Manchmal passieren diese Unterbrechungen auch unbewusst und man muss den Rapport erneut aufbauen. Das plötzliche

Klingeln des Telefons oder eine wichtige Mitteilung können den Rapport mit dem Gesprächspartner unbeabsichtigt unterbrechen. Um danach wieder in das Gespräch einzusteigen, muss der Rapport erneut aufgebaut werden.

Leading

Leading leitet sich ab vom englischen Verb „to lead", auf Deutsch „führen". Führen ohne Rapport wird nicht gelingen. Sie können niemanden über eine Brücke führen, ohne zuerst die Brücke zu bauen! Eine Brücke bauen allein reicht nicht, Sie müssen auch wissen, wohin Sie wollen und wo es langgeht zu Ihrem Kommunikationsziel.

Rapport ist immer notwendig, wenn Sie Ihren Kommunikationspartner von Ihrer Sichtweise überzeugen möchten. Beginnen Sie den Aufbau von Rapport mit einer Information, die auch Ihrem Gegenüber vertraut ist. Im Rapport ist es dann möglich, den Gesprächspartner dahin zu führen, andere Möglichkeiten zu betrachten und auch zu akzeptieren. Es gilt, den anderen zu überzeugen und nicht zu überreden. Von Nichtzustimmung auf Zustimmung führen, funktioniert nicht. Denn wenn Sie einem Andersdenkenden zu Beginn eines Gesprächs sagen, dass er falsch liegt, werden Sie ihn kaum über Ihre Brücke führen können. Es ist effektiver, sich von Zustimmung zu Zustimmung zu bewegen.

Besteht ein tiefer Rapport zwischen Ihnen und Ihrem Gegenüber, wird dieser Ihren kleinsten Verhaltensänderungen automatisch folgen. Um zu prüfen, ob ausreichender Rapport besteht, können Sie Ihr Verhalten, z.B. die Sprechgeschwindigkeit oder Körperhaltung, vorübergehend ein wenig ändern. Folgt Ihr Gegenüber mit gleicher oder ähnlicher Veränderung, ist ausreichend Rapport zum Führen vorhanden. Jetzt können Sie den Gegenüber in einen solchen inneren Zustand führen, in dem dieser für neue Erkenntnisse zugänglich ist.

Achten Sie darauf, dass der Gesprächspartner Ihnen nicht die Führung entreißt, während Sie sich gebannt den Inhalten hingeben.

Rapportbruch

In manchen Gesprächssituationen ist es notwendig, den Rapport zu unterbrechen. Wenn zum Beispiel in einer Diskussion die Emotionen hochkochen und der weitere Verlauf nicht möglich erscheint, ist eine Unterbrechung sinnvoll, um später die Gespräche neu zu beginnen.

Manchmal haben wir auf Unterbrechungen nur bedingt Einfluss, wenn z.B. das Klingeln des Telefons den Rapport mit dem Gesprächspartner unbeabsichtigt unterbricht. Auch hier muss erneut Rapport aufgebaut werden, um wieder ins Gespräch einsteigen zu können.

Die Benutzung von Reizwörtern kann ebenfalls zu einer Unterbrechung des Rapports führen: „Ich stehe Ihrer Idee ganz positiv gegenüber, aber..." Hier wird das Reizwort bewusst eingesetzt, denn das „ABER" signalisiert Ablehnung und es folgt die Begründung dafür.

Wollen Sie sich aus einem Gespräch verabschieden und es beenden, verändern Sie die Anpassung an das Verhalten Ihres Gesprächspartners. Besonders bei Personen, die viel Zeit in Anspruch nehmen und damit Ihre Arbeit blockieren oder bei Personen, von denen Sie sich distanzieren wollen, ist die Aufhebung des Rapports eine schnelle Methode der „Befreiung".

Beispiel: „Das nächste Treffen steht schon vor der Tür, lassen Sie uns noch kurz ein Resümee ziehen."

Rapport zu sich selbst

Der wichtigste Gesprächspartner in Ihrem Leben sind Sie selbst. Kein Grund also, hier auf Rapport und eine gelungene Kommunikation zu verzichten. Es liegt auf der Hand, dass Sie zu sich selbst die bestmögliche und stärkste Beziehung pflegen sollten. Dabei kommen die gleichen Methoden zu Einsatz, wie im Umgang mit anderen Menschen. Setzen Sie sich dafür ein Ziel, wie Sie mit sich selbst umgehen wollen.

Ein Ziel kann es zum Beispiel sein, den Umgang mit seinem inneren Kritiker zu verändern. Diese innere Stimme, die Ihnen sagt, was Sie hätten besser machen können. Der innere Kritiker, der Ihnen in bestimmten Situationen vielleicht sogar mit spöttischer Stimme sagt, dass Sie wieder mal ins Fettnäpfen getreten sind.

Häufig beginnt die innere Stimme ihre Ausführung mit DU! „Du schon wieder...!" oder „Du bist ganz schön...!" Es ist, als würden Sie mit einer anderen Person ins Gericht gehen, doch es sind Sie selbst! Ausgerechnet die Person in Ihrem Leben, mit der Sie jeden morgen aufstehen.

Laden Sie Ihre innere Stimme ein, künftige Aussagen mit ICH zu beginnen und verwandeln Sie negative Selbstgespräche in positive und stärkende Aussagen. Und überlegen Sie schon mal, in welchen Situationen Sie diese Einladung an Ihre innere Stimme aussprechen wollen.

Mit positiven Ich-Aussagen verstärken Sie den Rapport zu sich selbst und steigern das eigene Selbstvertrauen. Sie erleben das Gefühl, über Macht und Fähigkeiten zu verfügen.

Du-Aussagen:
- „Denk bloß nicht daran, wie die Sitzung morgen danebengeht."
- „Mach Dir keine Sorgen darüber, wie die Aktionäre auf Deinen Bericht reagieren werden."
- „Du musst Dich gar nicht unsicher fühlen, wenn niemand klatscht."

Ich-Aussagen:
- „Ich frage mich, wie gut die Sitzung morgen ausgehen wird."
- „Was wird den Aktionären an meinem Bericht wohl am besten gefallen?"
- „Ich fühle mich auch dann gelassen, wenn kein Beifall kommt."

Spiegelneurone – Der wissenschaftliche Beweis für Rapport

Wenn man auf der Straße sieht wie jemand hinfällt, durchfährt einen meist selbst ein körperliches Gefühl, manchmal kann es sogar ein Schmerzgefühl sein. Sitzt man jemanden gegenüber, der gerade gähnt, wird man widerstandslos mit gähnen. Und manchmal ist es sogar unmöglich, die Tränen bei einem traurigen Kinofilm zurückzuhalten.

Nach neurowissenschaftlichen Erkenntnissen sind für diese unwillkürlichen Verhaltensweisen (Resonanzphänomene) die so genannten Spiegelneurone verantwortlich. Sie wurden bereits 1992 von dem italienischen Neurophysiologen Giacomo Rizzolatti beschrieben.

Die Spiegelneurone gehören zur biologischen Grundausstattung jedes Menschen. Sie sind ein Resonanzsystem im Gehirn, das Gefühle und Stimmungen anderer Menschen vom Empfänger erkennen lassen. Dabei ist es egal, ob man eine Handlung bei anderen Menschen beobachtet oder ob man sie selbst ausführt. Das Abspeichern der Beobachtungsmuster signalisiert, was bestimmte Handlungen bedeuten und wie diese zu interpretieren sind. Spiegelneurone werden auch als physiologische Grundlage des Mitgefühls oder als Zentrum der emotionalen Intelligenz bezeichnet. Sie finden sich im prämotorischen Kortex, der für Bewegungen zuständig ist, im insularen Kortex (Gefühle) und im sekundären somatosensorischen Kortex, der Berührungen registriert.

Die Fähigkeit zu spiegeln, entwickelt sich jedoch nicht von allein, stets wird ein Resonanzpartner benötigt. Für ein Baby z.B. ist es die Mutter oder eine andere Bezugsperson, welche die Spiegelneuronen auslöst. Füttert die Mutter ihr Kind, so macht sie selbst ihren Mund weit auf. Eine unbewusst richtige Verhaltensweise, denn automatisch öffnet daraufhin auch das Kind seinen Mund.

Sitzen Menschen im Gespräch beieinander, nehmen sie, vor allem bei entsprechender Sympathie zueinander, meist die gleiche Körperhaltung ein. Zu beobachten ist dabei eine unbewusste Synchronisierung im Wechsel von Körperhaltung und Körperbewegungen. Scheinbar haben Menschen wohl das Bedürfnis, sich auf den emotionalen oder körperlichen Zustand eines anderen Menschen einzuschwingen.

Lektion 6: Die Körperhaltung pacen

> Sie können nun damit beginnen, die Körperhaltung Ihres Gegenübers zu pacen. Vielleicht achten Sie in den Gesprächen einmal darauf, ob dies bereits unbewusst abläuft. Nehmen Sie eine ähnliche Körperhaltung ein wie Ihr Gegenüber. Stellen Sie besondere Merkmale in dessen Körpersprache fest, wie zum Beispiel ein nervöses Wippen mit den Beinen, so können Sie ein „Überkreuzpacing"[1] anwenden. Anstatt jedoch ebenfalls mit dem Wippen einzusetzen, benutzen Sie z.B. Ihren Zeigefinger, um den Rhythmus der Beine zu pacen. Sobald Sie auf natürliche Weise die Körpersignale Ihrer Mitmenschen pacen, beginnen Sie, sich in deren inneren Zustand zu versetzen.

Lektion 7: Die Sprachmuster pacen

> Wenn Sie mit dem Pacing von Körperhaltung und Körperbewegungen zufrieden sind, können Sie als nächste Aufgabe die Sprache Ihrer Mitmenschen pacen. Dabei sollten Sie schrittweise vorgehen: Zuerst übernehmen Sie deren Tonlage, dann Sprechgeschwindigkeit, ihre Lautstärke sowie typische Redewendungen.

> Vielleicht ist Ihnen auch schon aufgefallen, dass es in bestimmten Gruppen gar nicht möglich ist, dazuzugehören, so lange Sie deren Soziolekt nicht beherrschen. Verwenden Sie eine falsche Anrede, unübliche Begriffe oder Grußformeln, outen Sie sich umgehend als Nichtzugehöriger.

---

[1] Überkreuzspiegeln: Dies bedeutet, dass das sich wiederholende Verhalten des Gegenübers in einer anderen Weise gespiegelt wird.

Parameter für die Herstellung von Rapport

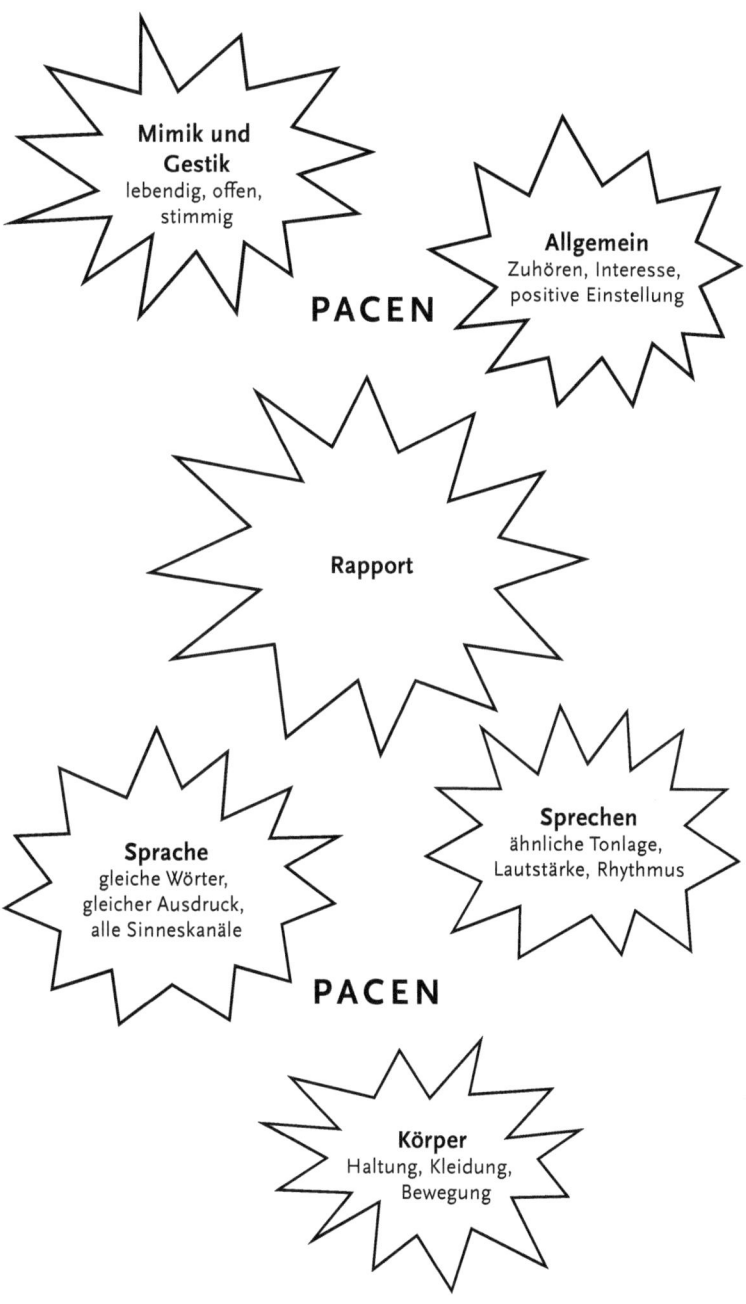

Mimik und Gestik
lebendig, offen, stimmig

Allgemein
Zuhören, Interesse, positive Einstellung

PACEN

Rapport

Sprache
gleiche Wörter, gleicher Ausdruck, alle Sinneskanäle

Sprechen
ähnliche Tonlage, Lautstärke, Rhythmus

PACEN

Körper
Haltung, Kleidung, Bewegung

14. Augenbewegungsmuster

Eine weitere Möglichkeit, auf den verwendeten Wahrneh-
mungskanal des Gegenübers zu schließen, besteht in der
Beobachtung der Augenbewegungen. Die Richtungen der
Augenbewegungen einer Person lassen auf dessen inneren
Informationsverarbeitungsprozesse schließen.

Für einen aufmerksamen Beobachter ist es leicht zu erken-
nen, ob eine Person in Bildern, Klängen oder Gefühlen denkt.
Bei den meisten Menschen bewegen sich die Augen nach
oben, wenn sie sich an ein Bild erinnern oder sich in ihrer
Vorstellung ein Bild von dem machen, was passieren wird.
Nach unten bewegen sich die Augen, wenn sie einen inneren
Dialog führen, also mit sich selbst reden.

Das Beobachten der Augenbewegungen dient vor allem dem
Ziel, sich im Gespräch besser auf das Gegenüber einstellen
zu können und die Kommunikationsweise wählen, die mit
dessen Vorstellungsform im Einklang steht.

visuell konstruiert — visuell erinnert
auditiv konstruiert — auditiv erinnert
kinästhetisch (Empfindungen) — auditiv, innerer Dialog

- visuell konstruierte innere Bilder – man stellt sich etwas vor
- visuell erinnerte Bilder – man erinnert sich an etwas bereits
  Gesehenes
- auditiv konstruierte Geräusche/Klänge – neue Komposition
- auditiv erinnerte Geräusche/Klänge – Lieblingssong, Hoch-
  zeitsglocken
- kinästhetisch – Bewegungen, taktile Gefühle, Emotionen
- innerer Dialog – innere Stimme, man redet mit sich selbst

Die Ansicht geht immer vom Standpunkt des Betrachters aus. Sie gilt für Rechtshänder. Bei Linkshändern sind die Seiten möglicherweise vertauscht.

Professor Dr. Michael Nideggen, Psychologe an der FU Berlin, hat vor einiger Zeit bestätigt, dass Augenbewegungen mit geistiger Anstrengung, wie dem Abrufen von Wissen oder dem Rekapitulieren einer Geschichte in Verbindung stehen.

Die Welt, wie wir sie geschaffen haben, ist ein Prozess unseres Denkens. Es kann nicht geändert werden, ohne unser Denken zu ändern.

Albert Einstein

Meta-Programme sind Eigenschaften, die als kognitive und nicht-kognitive Fähigkeiten das Verhalten eines Menschen beeinflussen. Sie wirken als unbewusste Filter der Wahrnehmung und organisieren die Art und Weise, wie ein Mensch denkt, handelt, Informationen aufnimmt und Informationen verarbeitet. Eine Klassifizierung in positive und negative Meta-Programme gibt es nicht.

Das Wissen um die eigenen Denkstile – und die anderer – bedeutet, flexibler denken und handeln zu können, es unterstützt den Rapportaufbau, denn Ihre Gesprächspartner fühlen sich verstanden.

Zwar ändern wir unsere Denkmuster je nach Situation und Aufgabe, dennoch zeigt die Erfahrung, dass die meisten Menschen über stabile Denkmuster verfügen.

So gibt es Menschen, die eher an den Details eines Konzeptes interessiert sind, während anderen ein kurzer Überblick zur Akzeptanz ausreicht. Wer also seine Botschaften punktgenau an die Frau oder den Mann bringen will, sollte beide Denkstile ansprechen. Konzepte mit eher allgemein gehaltenen Aussagen werden den detailorientieren Leser enttäuschen. Es kommt also immer auf die „Packungsgröße" der Botschaft an.

Informationsgröße: Detail/Überblick

Dieses Meta-Programm zeigt, wie Menschen mit Informationen umgehen, d.h. welche Art von Aufgaben und Umgebung sie benötigen, um in einem bestimmten Umfeld maximal produktiv zu sein.

Das Meta-Programm *ÜBERBLICK*: Eine Person, die in einer bestimmten Situation global denkt, präsentiert Ideen in einer willkürlichen Reihenfolge, ohne die einzelnen Zusammenhänge zu nennen. Informationen werden von Natur aus in großen Einheiten gesehen. Diese Personen bevorzugen Sprachmuster, wie: am wichtigsten, im Wesentlichen, Überblick, Zusammenfassung.

Das Meta-Programm *DETAIL*: Eine Person, die in einer bestimmten Situation spezifisch denkt, ist auf Details fokussiert. Sie erstellt ihr Bild der Wirklichkeit, indem viele Details zusammengefügt werden. Informationen werden in kleinen Einheiten aufgenommen.

Bevorzugte Sprachmuster: genau, präzise, Schritt für Schritt, viele Adverbien und Adjektive. Um das entsprechende Meta-Programm identifizieren zu können, stellen Sie bitte folgende Frage: „Wenn wir eine Aufgabe gemeinsam angehen sollten, was wollen Sie zuerst von mir wissen?"

Informationsverarbeitung: Widerspruch oder Ähnlichkeiten

Es gibt Menschen, die grundsätzlich auf Ziele, Konzepte oder Entscheidungen mit Widerspruch oder Alternativangeboten reagieren. Wenn Sie im Arbeitsprozess eine Idee vorstellen, werden Ihnen diese Menschen vielleicht noch formal zustimmen, Ihnen zuerst jedoch eine Liste mit Einwänden präsentieren.

Ein *WIDERSPRECHER* – im NLP auch Mismatcher genannt – ist jemand, der Ihnen grundsätzlich widerspricht. Jugendliche in der Pubertät verhalten sich häufig so. Manche Menschen übernehmen diese Reaktion in ihr Erwachsenenleben.

Sie tun dann häufig immer das Gegenteil von dem, wozu sie aufgefordert wurden oder widersprechen vehement dem, was andere sagen. In Sitzungen werden Ihnen Widersprecher immer genau erklären, weshalb Ihre Ideen und Konzepte nicht funktionieren können.

Mit Widersprechern ist einfach zu kommunizieren, wenn Sie diese erst einmal als solche erkannt haben. Setzen Sie alles, was Sie sagen wollen in einen „Umkehr-Rahmen":

„Ich glaube nicht, dass Sie schon bereit sind für dieses Konzept, aber..."
„Sie werden es wohl nicht schaffen, unserem Konzept zuzustimmen..."

Hier setzen Sie das Reizwort „aber" ganz bewusst ein. Vergessen Sie nicht, Ihre Stimme entsprechend anzupassen. Der „Zweifel" sollte kongruent kommuniziert werden.

Bevorzugtes Sprachmuster von Mismachtern: neu, vollkommen anders, nicht wiederzuerkennen, Wechsel, Austausch.

Frage zur Mustererkennung: „Was hat Sie bei der Auswahl der neuen Stelle besonders motiviert?"

Ganz anders verhält es sich beim *ÄHNLICHKEITSMUSTER*. Hatten Sie schon einmal eine Situation, wo jemand zu Ihnen nach der Lektüre eines Konzeptes sagte, dass es ja das Gleiche wäre, wie...! An diesem Beispiel zeigt sich unmittelbar, wie solche Menschen Informationen verarbeiten: nach Ähnlichkeiten bzw. Gemeinsamkeiten.

Bei Menschen, die in einer bestimmten Situation „ähnlich" denken und handeln, ist die Aufmerksamkeit darauf gerichtet, was gut ist, was passt, was übereinstimmt. Solche Menschen haben die Neigung, sich dem Weltbild anderer anzuschließen.

Sprachmuster: Das Gleiche wie, unverändert, wie Sie wissen, beibehalten genau das Gleiche, genau wie vorher, identisch."

Frage zur Mustererkennung: „Was hat Sie bei der Auswahl der neuen Stelle besonders motiviert?"

Richten Sie künftig Ihre Aufmerksamkeit auf die Meta-Programme „Ähnlichkeiten" und „Widerspruch", Sie erhöhen damit Ihre Überzeugungskraft, weil Ihre Vorschläge genau in das Modell der Welt Ihrer Gesprächspartner passen.

Motivationsgrund: Systematisch - spontan
Wichtig für die Gestaltung einer gelungenen Kommunikation ist es, herauszufinden, ob jemand systematisch oder spontan handelt. Menschen, die regelmäßig systematisch handeln, neigen dazu, nach Regeln, Prozeduren und Anweisungen vorzuziehen. Wenn Sie als Führungskraft nicht darauf eingehen, verlieren Sie schnell an Rapport und an Glaubwürdigkeit.

Wenn Sie selbst zum systematischen Handeln neigen, gehen Sie bei Vorträgen und Präsentationen nach einer festen Reihenfolge vor. Ein spontan agierender Zuhörer wird Ihren Vortrag mit Fragen unterbrechen, die für Sie scheinbar völlig ohne Bezug sind. Die Gefahr besteht, dass spontane Menschen Ihren Vortrag langweilig finden und vielleicht sogar vor dem Ende gehen.

Eine Person, die in einer bestimmten Situation auf *SPONTA-NITÄT* fokussiert ist, richtet die ganze Aufmerksamkeit auf Möglichkeiten und kreative Lösungen. Bevorzugte Sprachmuster: Gelegenheiten, Vielfalt, Wahlmöglichkeiten, es gibt einen Weg, antwortet mit einer Liste von „weil", „weil", „weil".

Eine Person, die eher *SYSTEMATISCH* denkt, richtet die ganze Aufmerksamkeit darauf, „wie die Dinge gemacht werden müssen". Das Handeln funktioniert von Beginn bis zum Ende in einer festen Reihenfolge und Schritt für Schritt. Systematisch handelnde Menschen bereiten Fakten in chronologischer Übersicht auf und halten sich an erprobte Methoden. Wenn Sie also einen „Systematiker" zum Essen einladen, sorgen Sie dafür, dass es einer gewohnt-üblichen Prozedur folgt. Sprachmuster: erprobt, verlässlich „erstens, zweitens, drittens."

Frage zur Mustererkennung: „Warum haben Sie sich für dieses Unternehmen entschieden?"

Richtung der Motivation: Problemvermeidung – Zielorientierung

Die Motivation vieler Menschen richtet sich auf die Vermeidung von Problemen, andere Menschen fühlen sich eher motiviert, indem sie Herausforderungen annehmen und auf Ziele zugehen. Vielleicht kennen Sie solche Personen.

Menschen, die genau wissen, wofür sie etwas tun und was sie mit einer Maßnahme erreichen können. Wichtig sind ihnen die positiven Auswirkungen ihren Handlungen. Andere wiederum fokussieren sich eher auf die Konsequenzen einer Maßnahme und möchten negative Ergebnisse oder Probleme vermeiden.

Wenn Sie Ideen „verkaufen" und die Menschen in Ihrem Umfeld fragen, was ihnen besonders wichtig ist, wird Ihnen der eine sagen, was ihm bei der Vermeidung der Problemlage helfen würde. Der andere wird Ihnen genau mitteilen, welchen Lösungsansatz er für die Zukunft erwartet.

Das Meta-Programm *ZIELORIENTIERUNG (HIN-ZU)*: Eine Person, die sich auf etwas zubewegt, treibt die Dinge nach vorne, ist sehr gut in Aufgaben, die eine große Handlungsbereitschaft erfordern.

Sprachmuster: das Gefühl haben, an der Spitze mitzuarbeiten, besser, erreichen, ermöglichen, Nutzen, Vorteile, zielstrebig, Prioritäten

Das Meta-Programm *PROBLEMVERMEIDUNG (WEG-VON)*: Eine Person, die zunächst genau analysiert (Umstände,

Ursachen und Konsequenzen). Im Extremfall werden immer wieder erneut Probleme und Hindernisse gesehen.

Sprachmuster: lösen, verhindern, regeln, Problemlösungsfähigkeit, loswerden, vermeiden, kein, keine

Um das entsprechende Meta-Programm identifizieren zu können, fragen Sie einfach nach der Motivation hinter den persönlichen oder wirtschaftlichen Zielen. Es wird entweder eine Auf-etwas-zu- oder Von-etwas-fort-Antwort sein.

Lektion 8: Motivationsrichtung in der Kommunikation beachten

Menschen wollen entweder weg vom Leid, vom Problem oder arbeiten auf ein Ziel hin. Sowohl die Hin-zu-Motivation als auch die Weg-von-Motivation existieren jedoch nicht in Reinform, sondern haben verschiedene Ausprägungen.

Was hat das jetzt mit einer gelungenen Kommunikation zu tun? Wir neigen dazu, uns auf die (negative) Weg-von-Aussagen einer Botschaft zu konzentrieren. Wenn das „Negative" zuletzt erwähnt wurde, richten wir unsere Aufmerksamkeit genau dort hin. Wir fokussieren uns immer eher auf die Dinge, die wir nicht wollen. Von daher ist es geschickter, die positiven Aussagen am Ende einer Botschaft zu platzieren.

> Vergleichen Sie beide Aussagen:

- „Heute wollen wir dafür sorgen, dass der Jahresabschluss rechtzeitig und ohne weitere Diskussionen verabschiedet wird. Deshalb bitte keine Änderungswünsche in letzter Minute!"
- „Bitte heute keine Änderungswünsche in letzter Minute! Wir wollen den Jahresabschluss rechtzeitig und geräuschlos verabschieden!"

> Vielleicht gefällt Ihnen der zweite Satz auch besser. Während der erste Satz mit einer Hin-zu-Aussage beginnt, werden Sie im zweiten Teil mit dem Problem konfrontiert. Beim zweiten Satz ist das genau umgekehrt. Für eine gelungene Kommunikation sollten Sie Ihre Botschaften künftig nach dem folgenden Schema formulieren: An erster Stelle das, was Sie nicht wollen, im zweiten Teil dann aufführen, was Sie wollen.

Wenn Sie selbst primär die Motivationsrichtung Weg-von benutzen, können Sie mit dem Umbau der Aussagen alle künftigen Botschaften umstrukturieren. Das ermöglicht Ihnen, Menschen Ziele anbieten zu können, statt die Problemvermeidung in den Mittelpunkt Ihrer Kommunikation zu stellen.

Lektion 9: Denkmuster pacen

Notieren Sie die Denkmuster Ihres Gesprächspartners und
pacen Sie diese:

Einschätzung 1	Einschätzung 2
Motivationsrichtung	
Zielorientierung	Problemvermeidung
□ ◄ □ ◄ □ ◄ — ► □ ► □ ► □	
Motivationsgrund	
spontan	systematisch
□ ◄ □ ◄ □ ◄ — ► □ ► □ ► □	
Informationsverarbeitung	
Ähnlichkeiten	Unterschiede
□ ◄ □ ◄ □ ◄ — ► □ ► □ ► □	
Informationsaufnahme	
Detail	Global
□ ◄ □ ◄ □ ◄ — ► □ ► □ ► □	

Beispielsatz, der alle Meta-Programme anspricht:

„In unserem neuen Unternehmenskonzept haben wir nicht
nur eine Wiederholung der **Fehler** aus der Vergangenheit **ver-
mieden**, sondern auch die **Ziele** der nächsten Jahre **aufgezeigt**.
Wir haben eine feste **Struktur** unternehmerischen Handelns
entworfen, die dennoch ausreichend **Flexibilität** erlaubt. Unser
Konzept ist **richtungsweisend** und beleuchtet die **einzelnen
Probleme** unseres Unternehmens."

Die schwerwiegendsten Fehler
werden nicht durch
falsche Antworten gemacht.
Das wahre Gefährliche ist,
die falsche Frage zu stellen.

Peter Ferdinand Drucker

Fragen sind Magie, denn ohne Fragen gibt es keine Erkenntnisse oder Veränderungen. Erfolgreiche Führung setzt die Frage voraus, was erreicht werden soll. Die Frage beleuchtet das Problem und lässt die Lösung zur Veränderung sichtbar werden. Es gilt der Satz: Wer fragt, der führt.

Wer in der Führungsarbeit nicht in der Lage ist, sicher mit gezielten Fragen zuverlässige Informationen zu sammeln, wird keine Veränderungen im Unternehmen bewirken können. Fragen sind die einfachste Art, die Wirklichkeit anderer Menschen kennen zu lernen. Gleich, welche Frageform eingesetzt wird, sie sollte stets transparent und konkret formuliert sein, um Missverständnisse zu vermeiden.

Missverständnisse treten in der Arbeitswelt häufig deshalb auf, weil dieselben Worte nicht für alle dasselbe bedeuten. Befragen Sie fünf Mitarbeitende Ihres Unternehmens, was die Worte Loyalität, Mitbestimmung, Kontrolle, Solidarität und Gerechtigkeit für diese bedeuten. Sie werden feststellen, dass jeder Ihnen eine andere Antwort geben wird.

Fragen sind die Grundlage zur Beschaffung von Informationen und die einfachste Art, die Wirklichkeit eines anderen kennen zu lernen. Aus der Sicht einer Führungskraft sind

Fragen unerlässlich, wenn es um die Herstellung von Rapport geht, wenn es darum geht, die Bedürfnisse von Mitarbeitenden aufzudecken, wenn es darum geht, ihre Anliegen und Werte herauszufinden.

Soweit Sie nicht über eine spezielle Frage-Strategie verfügen, besteht die Gefahr, dass Sie richtungslos willkürlich einzelne Aspekte des Gesagten hinterfragen. Diese Beliebigkeit wird von dem Befragten unterschwellig wahrgenommen und die Folge ist die mangelnde Bereitschaft, die Fragen überhaupt zu beantworten. Das kann letztlich zum Rapportbruch führen.

Sprachliche Leerstellen, Verallgemeinerungen oder Verzerrungen nimmt der ungeübte Zuhörer meist gar nicht wahr und ergänzt den Inhalt automatisch aus seiner eigenen Erfahrung, ohne sich dessen bewusst zu sein. Doch jede Art von Verdichtung unserer Aufmerksamkeit auf einen bestimmten Punkt bedeutet, andere Aspekte von unserer direkten Wahrnehmung auszuschließen.

Um die richtigen Fragen stellen zu können, muss man die unterschiedlichen Fragearten kennen. Die Wirkung einer Frage und die Qualität ihrer Antwort hängen davon ab, in welcher Situation mit welcher Absicht gefragt wird. Es gibt viele Kategorien von Fragen.

Den höchsten Informationsgewinn erzielt man mit offenen Fragen. Dabei ist der Informationsgewinn auch beim Einsatz offener Fragen begrenzt, denn sie beruhen auf eigenen Erfahrungen. Sie fragen also nur das ab, was Sie selbst einmal erfahren haben.

Bei Fragen gilt es in jedem Fall immer, spezifisch zu fragen (wie, wo, wann, wer, was und wann) und sich so Informationen erschließen, die noch nicht beleuchtet wurden sind und der Kommunikation Sinn geben.

Im Arbeitsalltag finden wir in der Kommunikation immer wieder unvollständige Aussagen, denen wichtige Informationen fehlen. Oftmals gibt man sich dann mit nichtssagenden oder oberflächlichen Aussagen zufrieden. Erfahrungen werden verallgemeinert, Tilgungen lenken das Augenmerk nur auf einen bestimmten Ausschnitt einer Erfahrung und bei sogenannten Verzerrungen werden einfach Sachverhalte umgeformt.

So bleibt der Informationsgewinn gering und das Fundament für mögliche Fehlentscheidungen ist bereits gelegt.

Verallgemeinerungen
Hinterfragen Sie Verallgemeinerungen wie „alle, keiner, man, immer, nie, jeder", weil diese Wörter jedes Argument blockieren und keine Ausnahmen zulassen. Und doch gibt es zu jeder Regel mindestens eine Ausnahme.

In manchen Gesprächssituationen bevorzugen Menschen das Wort „man" (statt ich) in ihren Botschaften, weil sie sich hinter der grauen Mauer der Allgemeinheit verstecken möchten.

Beispiele

Aussage: „Man versteht hier ja sein eigenes Wort nicht!"
Frage: „Wer versteht hier sein eigenes Wort nicht?"

Aussage: „Man muss hier zu einem anderen Schluss kommen."
Frage: „Wer behauptet das?"

Verallgemeinerungen führen zu einer Verarmung der inneren Welt und schränken Möglichkeiten ein. Öffnen Sie Verallgemeinerungen, indem Sie nach Ausnahmen fragen und das weitere Gespräch genau auf diesen Ausnahmen aufbauen. Wenn Sie Verallgemeinerungen bei Ihrem Gesprächspartner nicht in Frage stellen, wird dieser bei seiner Aussage bleiben und seine Sichtweise verteidigen.

Regeln

Oftmals werden dem Informationsgewinn Regeln vorgeschoben. Wörter, die auf Regeln hindeuten, wie „müssen" und „sollen", „nicht müssen" und „nicht sollen" wirken wie Verhaltensregeln, sie können auch als Reizwörter Widerstände beim Kommunikationspartner auslösen.

„Sie müssen dieses Formular dreifach ausfüllen, wenn Sie Urlaub beantragen wollen."

Wenn Ihnen eine Regel unsinnig erscheint, erfragen Sie, was die Konsequenzen wären, wenn Sie diese Regel brechen würden?

Beispiel: „Sie sollten das Treffen mit dem Vorstand verschieben!" Frage: „Was würde passieren, wenn wir das nicht täten?"

Sobald die möglichen Konsequenzen ausgesprochen sind, können sie überdacht und kritisch bewertet werden; andernfalls schränken sie einfach nur die Wahlmöglichkeiten ein.

Unvollständige Vergleiche

Bei Vergleichen werden wichtige Informationen getilgt. Gerade in der Werbung werden gern Vergleiche gezogen ohne dies deutlich zu machen. Beispiel: „Für ein besseres Leben." Hier wird ein Vergleich gezogen und nicht deutlich gemacht. Etwas kann nicht ohne eine Referenz etwas Besseres sein. Besser als es vorher war? Besser als das Leben Ihres Nachbarn? Sätze mit „am besten", „besser", oder „schlechter" ziehen einen Vergleich. Fragen Sie nach, wenn der Vergleich unvollständig ist.

„Wir wollen immer nur das Beste für Sie."

Unvollständige Vergleiche können Sie klären, indem Sie fragen: „Verglichen womit...?"

Gedankenlesen

Wir „lesen" gern die Gedanken anderer, indem wir ohne direkten Anhaltspunkt mutmaßen oder annehmen zu wissen, was jemand anderes gerade denkt oder fühlt. Oft ist das keine intuitive Reaktion auf die Körpersprache, die wir unbewusst wahrnehmen, sondern reine Projektion dessen, was wir selbst in dieser Situation denken oder fühlen würden.

Meist glauben wir dabei, dass wir mit unserer Einschätzung richtigliegen, haben jedoch keine Gewähr, dass es auch so ist. Warum also mutmaßen, wenn wir fragen können?

Beispiele für Gedankenlesen: „Ich wusste, dass meine Rede dem Betriebsrat nicht gefallen würde." „Ich weiß genau, was meine Konkurrenten zur Weißglut bringt." „Der Chef war sauer, aber er wollte es nicht zugeben."

Eine Möglichkeit, das Gedankenlesen in Frage zu stellen, ist zu fragen, woher genau der andere weiß, was Sie selbst denken, oder, beim projizierten Gedankenlesen, woher genau Sie hätten wissen sollen, wie sich der andere fühlt.

Hinterfragen Sie Gedankenlesen, indem Sie fragen: „Woher wissen Sie das?". Die Antwort darauf wird meistens eine Verallgemeinerung sein.

17. Backtracking

Als Backtracking (engl. zurückverfolgen) bezeichnet man im NLP das Wiederholen sprachlicher Äußerungen eines Gesprächspartners, um einen verbalen Rapport herzustellen. Backtracking lässt sich sowohl als exaktes Wiederholen des Gesagten (wie ein Zitat), zum Zusammenfassen eines Gespräches oder zum Pacen bestimmter, emotional bedeutsamer Worte des Gesprächspartners einsetzen. Ein vollständiger Backtrack umfasst neben den verbalen Informationen auch den Tonfall und die nonverbalen Signale.

Formulierungen für das Zusammenfassen eines Gesprächs oder Gesprächsteils:

* „Lassen Sie mich noch einmal zusammenfassen ...“
* „Habe ich Sie richtig verstanden, dass ...?“
* „Muss ich mir das so vorstellen, dass ...?“

Mit einem Backtrack lassen sich auch emotional signifikante Worte in einer Aussage unauffällig ändern. Dabei wird mit dem scheinbaren Wiederholen des Gesagten durch kleine, aber entscheidende Umformulierungen der Zustand des Gesprächspartners beeinflusst.

Beispiel:
Die Formulierungen des Gesprächspartners werden wortwörtlich wiederholt (zitiert). Satz: „Ich würde gern mehr für das Unternehmen erreichen!“

Einfaches Backtracking: „Verstehe ich Sie richtig, Sie würden gern mehr für das Unternehmen erreichen?“

Umformulierung: „Wenn ich Sie richtig verstanden habe, dann wollen Sie für die Mitarbeitenden im Unternehmen bessere Arbeitsbedingungen schaffen?

Alle Umgangssprache ist Metapher, und alle Metapher ist Poesie.

Gilbert Keith Chesterton

Unternehmensstrategien und Konzepte sind meist abstrakt. Mit dem Einsatz von Metaphern können diese greifbar gemacht und ihre komplexen Sachverhalte vereinfacht werden. Kein anderer sprachlicher Mechanismus kann das leisten, was Metaphern können, nämlich den unternehmerischen Botschaften die Sinnhaftigkeit verleihen, die ihnen oft fehlt. Es gilt also, solche Konzepte mittels Metaphern greifbarer/erlebbarer zu machen und die positive Absicht der Botschaft in den Vordergrund zu stellen.

Das Wort „Metapher" hat seinen Ursprung im Griechischen und bedeutet wörtlich

„Übertragung" oder „Transport". In der Metapher wird ein Ausdruck aus dem Sinnbereich, in dem er gewöhnlich gebraucht wird, in einen anderen übertragen. Dabei spricht man von einem „Bildspender", dem Herkunftsbereich der Metapher, und dem „Bildempfänger" oder Zielbereich.

Mit ihrem Buch „Leben in Metaphern" schufen die Autoren Lakoff und Johnson ein grundlegendes Werk zur kognitiven Metapherntheorie. Ihre Grundthese besagt, dass der Mensch zur Konzeptualisierung einer sehr komplexen Wirklichkeit auf metaphorische Prozesse zurückgreift, um Sachverhalte, die vage oder abstrakt sind, mit Hilfe konkreter Erfahrungen zu strukturieren und somit rational verfügbar zu machen.

Unser Gehirn ist mit tausenden von Metaphern ausgestattet, die unsere Sprache strukturieren. Wir denken, sprechen und schreiben jeden Tag in Metaphern. Die bildhafte Bedeutungsübertragung steht im Zentrum unseres Denkens und somit in unserer Sprache. Schon Aristoteles fiel vor mehr als 2.500 Jahren auf, dass es die Metapher sei, die den Menschen das meiste Vergnügen bereiten würde.

Die Metapher ist kein Vergleich. Sie sagt z.b. nicht, dass eine Verkehrsinsel wie eine Insel sei, sondern sie setzt das Straßenbauwerk mit einer Insel gleich. Diese Gleichsetzung setzt bei Menschen eine veränderte Wahrnehmungsfilterung in Gang. Ein Ausdruck ist nur dann eine Metapher, wenn er in seinem Gebrauchszusammenhang als Übertragung verstanden wird.

Ein Beispiel, wie bestimmte Metaphern im Kontext Arbeitsleben eingesetzt werden: Arbeitslast, Mehrarbeitsbelastung, Steuerbürde. In diesem Kontext verstehen sich oft die Mitarbeitenden mittels tierischer Metaphern als Arbeitspferd oder Lastenesel.

Auch in der Wissenschaft sind viele Fachausdrücke metaphorischen Ursprungs. Ein Blick in die Sprache der Wissenschaften zeigt, dass es in ihnen von Metaphern geradezu wimmelt. Da gibt es Bauanweisungen für Proteine, Energiehaushalt und Ökosysteme.

Manche Metaphern haben durch ihren häufigen Gebrauch ihren Übertragungscharakter verloren und werden nicht mehr als Metaphern, sondern als direkte Ausdrücke verstanden.

Beispiele für metaphorische Sprache in der Arbeitswelt:

- Im Gespräch mit dem Vorstand konnte er seinen Kopf aus der Schlinge ziehen und sich als Saubermann darstellen.
- Das Weihnachtsgeld ist auch nur ein Tropfen auf dem heißen Stein.
- Lieber die Hände in Unschuld waschen, statt in einem Meer aus Tränen baden.
- Personaler sind doch nur ein Spielball der Unternehmensleitung.

Ganz allgemein gilt für den Einsatz von Metaphern:

- Metaphern müssen in die Erfahrungswelt der Menschen passen. Metaphern können nur wirken, wenn diese auch unmittelbar verstanden werden.
- Genaues Hinhören und das Sprachbilder der Zielgruppe verwenden. Daran kann man andocken.
- Metaphern gezielt, jedoch nicht zu häufig einsetzen. Sonst besteht die Gefahr, nicht ernst genommen zu werden oder das Gegenüber zu langweilen.
- Die Erstellung von Metaphern üben, indem Sie einen bestimmten Begriff mit einem anderen verbinden und dazu Bilder assoziieren.

Mit Metaphern lassen sich Botschaften tief im Gehirn Ihrer Zuhörer verankern, selbst eine lange Rede lässt sich mit dem Einsatz von Metaphern merkfähig zusammenfassen.

Werden Sie also mit Ihren Mitarbeitenden „warm", durch genaues Zuhören erfahren Sie, welche Sprachbilder verwendet werden. Setzen Sie Metaphern aus unterschiedlichen Sinnesbereichen ein, denn so bleibt Ihre Führungsbotschaft lebendig und spannend. Errichten Sie keine Mauer des Schweigens und suchen Sie nicht die Nadel im Heuhaufen. Sie treffen den Nagel auf den Kopf, wenn Sie diesen Grundsatz beachten:

Nur wer seine Botschaften im Herzen der Mitarbeitenden verankert hat, kann seine Führungsziele erreichen.

Vierter Teil: Sich selbst kennenlernen

Das Geheimnis des Erfolges ist, den Standpunkt des anderen zu verstehen.

Henry Ford

Erfolgreiche Kommunikatoren sind in der Lage, drei verschiedene Wahrnehmungspositionen einnehmen zu können. In jeder Position gibt es etwas zu erfahren, was sonst verborgen bliebe. Wer unterschiedliche Perspektiven einnehmen kann, erweitert sein Vermögen, flexibel denken und handeln zu können. Je mehr Blickwinkel Sie einnehmen können, desto reichhaltiger sind die Informationen, die Sie gewinnen. Sich in die Vorstellungswelt der Mitarbeitenden hineinversetzen zu können, ist eine Schlüsselkompetenz für jeden, der Menschen zu führen hat.

Eine Wahrnehmungsposition ist die bewusst eingenommene Perspektive, aus der eine Kommunikationssituation erlebt wird: Vom eigenen Standpunkt aus (erste Position), vom Standpunkt einer anderen Person aus (zweite Position) oder von einem neutralen Standpunkt (Meta-Position) aus.

Die erste Position ist das Erleben aus der ICH-Realität, also das, was Sie aufgrund Ihrer persönlichen Erfahrungen denken. Hier sehen Sie die äußere Welt durch die eigenen Augen. In dieser Position sind Sie mit dem eigenen Standpunkt emotional verbunden und Ihre Wahrnehmung ist direkt: Sie sehen mit Ihren Augen, hören mit Ihren Ohren und spüren Ihre eigenen Gefühle.

Schlüpfen Sie nun in die zweite Position, in die Realität einer anderen Person. Sie nehmen eine Situation aus der Perspektive Ihres Gesprächspartners wahr. Das sollte Ihnen nicht schwerfallen, denn die Fähigkeit, die zweite Position einnehmen zu können, ist uns gewissermaßen „angeboren". So fällt es Eltern leicht, sich in die Bedürfnisse ihrer Kinder zu versetzen. Sollten Sie sich dennoch unwohl in dieser Position fühlen, denken Sie daran, dass Sie diese Realität nur verstehen, jedoch nicht zustimmen sollen.

Position drei ist der Standpunkt eines neutralen Beobachters. Diese Position ist in diesem Kontext weitgehend emotionslos und gewissermaßen objektiver Analytiker.

Die dritte Position kann man auch als Meta-Position zu den anderen beiden Positionen bezeichnen. Aus dieser systemischen Perspektive lässt sich die Beziehung zwischen Position eins und zwei unvoreingenommen beschreiben.

Es lohnt sich, vor jeder Besprechung, jedem Mitarbeitergespräch, sich in den anderen hineinzuversetzen und dessen Sichtweise und Absicht nachzufühlen und durch sich über die dritte Position mit Erkenntnissen und Ressourcen zu versorgen. Es erleichtert die Durchsetzung der eigenen Standpunkte, wenn Sie die Beweggründe des anderen erkennen und vielleicht sogar dessen positive Absicht verstehen.

Durch das Einnehmen der drei Positionen erhalten Sie wichtige Informationen, insbesondere, wenn Sie Entscheidungen treffen sollen, die andere Menschen oder ganz Gruppen betreffen.

Vielleicht erschließt sich Ihnen noch nicht der Sinn hinter einem Perspektivenwechsel und Sie fragen sich, warum durch die Augen von anderen sehen sollen? Und vielleicht ist es Ihnen sogar unangenehm, die Position anderer einzunehmen. Denken Sie daran, dass es beim Perspektivwechsel nicht darum geht, der anderen Person zuzustimmen, sondern sie besser zu verstehen. Ein weiterer Vorteil eines Perspektivenwechsels ist außerdem die Möglichkeit zur Problemlösung. Manchmal sieht man den Wald vor lauter Bäumen nicht, da kann ein Blick aus einer anderen Position zur Lösung beitragen.

Manchmal sind Sie vielleicht einfach festgefahren in Ihren Ansichten oder so überzeugt davon, dass Sie gar nichts mehr hinterfragen. Aus einem neutralen Blickwinkel können Sie vielleicht erkennen, dass Ihre Kommunikations-Strategien Brüche haben.

Und selbst, wenn am Ende des Prozesses als Ergebnis feststeht, dass Sie in Ihren Ansichten bestätigt wurden, hat sich das Verfahren doch gelohnt.

Lektion 10: Wahrnehmungsposition wechseln

> Nehmen Sie sich Zeit und versetzen Sie sich in die typische Körperhaltung, Mimik und das Bewegungsmuster eines anderen ein, einer Person, die Sie gar nicht verstehen, vielleicht eine Konfliktperson. Spüren Sie nach, wie der andere sich gerade fühlt und wie er tickt. Achten Sie jetzt darauf, welche Informationen Sie erhalten:

- Welche Gefühle haben Sie in dieser Haltung?
- Was denken Sie in dieser Haltung?
- Wie sehen Sie die Welt?
- Wie sehen Sie sich selbst?

> Verlassen Sie diese Position wieder und nehmen Sie diese Eindrücke bewusst wahr. Rufen Sie sich diese in Erinnerung, wenn Sie das nächste Mal dieser Person begegnen.

> Wechseln Sie an einen anderen Ort, auf einen anderen Platz. Denken Sie nun an eine neutrale Person aus Ihrem weiteren Umfeld, vielleicht einen Berater, den Sie nur flüchtig kennen. Konzentrieren Sie sich nun auf diese Person und nehmen Sie im Geiste die Rolle eines neutralen Beobachters ein. Wechseln Sie in die Position des anderen, und schauen Sie aus dieser Berater-Perspektive auf die Interaktion zwischen Ihnen und der Konfliktperson.

- Was fällt dem Berater auf?
- Wie lautet sein Rat: Was könnten Sie anders machen in der Interaktion?
- Worauf sollten Sie beim nächsten Treffen achten?

Berücksichtigen Sie Ihre Erkenntnisse beim nächsten Aufeinandertreffen mit den schwierigen Kommunikationspartnern.

Nicht die Dinge an sich sind es,

die uns beunruhigen,

sondern vielmehr ist es unsere

Interpretation der Bedeutung dieser

Ereignisse, die unsere Reaktion

bestimmt.

Marc Aurel

Kommunikation ohne Frames (Rahmen) gibt es nicht. Framing bedeutet, etwas in einen Rahmen zu stellen, ihm eine Bedeutung zu geben. Wir nutzen Frames, um Erfahrungen einzugrenzen oder zu beschreiben. Es sind spezielle Filter unserer Wahrnehmung von der Welt. In der Kommunikation gibt es einen regelrechten Wettbewerb um den stärksten Frame. Letztlich geht es immer darum, wer die Deutungshoheit von Themen behält und wer sie verliert.

Beim Reframing (Umdeutung) geht es darum, den Dingen einen neuen Rahmen oder eine neue Bedeutung zu geben. Jede Botschaft, Erlebnis, Reiz, Situation, oder Verhalten wird von uns in einen Rahmen gestellt. Reframing bedeutet, einen neuen Rahmen zu konstruieren oder eine neue Bedeutung zu geben, also etwas auf eine andere Art und Weise wahrzunehmen.

Fragen Sie Mitarbeitende oder Kollegen aus Ihrer Arbeitsumgebung, wie sie gerne leben möchten! Einige Menschen leben im Überfluss und verspüren trotzdem einen Mangel. Andere Menschen werden von ihren Mitmenschen geradezu um ihre Lebensqualität beneidet, und dennoch sind diese oft unglücklich und unzufrieden. Was Menschen glauben, ist eng mit den in ihrem Unbewussten gespeicherten Überzeugungen verbunden. Ob etwas als angenehm oder unangenehm betrachtet wird, hängt zum Großteil von den eigenen Glaubenssätzen ab.

Durch das Umdeuten z.B. einer negativen Aussage, können Sie Mitarbeitenden eine alternative Bedeutung ihrer Situation anbieten. Auf dieser Basis gelangen diese zu einer neuen Sichtweise, die es Ihnen als Führungskraft ermöglicht, neue, positive Reaktionen auf Ihre Botschaften und Ziele zu erzielen. Reframing bedeutet nicht, etwas Negatives lediglich anders zu benennen, sondern von einer anderen Perspektive eine andere Wertung vorzunehmen.

Die Bedeutung, die ein Ereignis hat, hängt immer vom Bezugsrahmen, dem Kontext, ab, in dem das Ereignis wahrgenommen wird. Durch Wechseln dieses Kontextes ist es Ihnen möglich, die Bedeutung eines Ereignisses und damit die Sichtweise darauf zu verändern.

Durch den Wechsel des Rahmens sind Sie in der Lage, die Situation und den Zeitrahmen einer Aussage zu verändern. Der Satz „Jetzt reicht`s" hat beim Kartoffelkauf eine andere Bedeutung als bei einem Streitgespräch. Ein veränderter Rahmen kann einem Problem oder einer Verhaltensweise eine völlig veränderte Bedeutung geben.

Trainieren Sie Ihre Fähigkeit, Bedeutungen flexibel zu sehen und damit die Wahlmöglichkeiten in schwierigen Situationen erheblich zu steigern.

Beispiele:
Nicht: „Warum sind Sie bei Ihrer ersten Bewerbung gescheitert?" – Sondern: „Was haben Sie aus der ersten Absage lernen können?"

„Liebe Mitarbeitende, Sie haben sich schon so an Ihre Misserfolge gewöhnt, dass Sie jetzt durch unsere Veränderungsinitiative ganz überrascht sind, dass Sie noch ganz andere Möglichkeiten haben."

Einwände umformulieren

Mit dem Einsatz von Reframing können Sie auch Einwänden wirkungsvoll begegnen, indem Sie den Kontext oder die Bedeutung für Ihre Gesprächspartner verändern. Auf diese Weise erhöhen Sie Ihre Flexibilität, treten schlagfertiger auf und können erfolgreichere Gesprächsergebnisse erzielen. Wichtig dabei ist es, dass Sie einen Reframe authentisch einsetzen.

Der Preframe - Einwände vorwegnehmen

Als „Preframe" bezeichnet man im NLP eine vorweggenommene Einwandbehandlung. Vor einer Besprechung wissen Sie vielleicht bereits, dass die nachfolgenden Redner Einwände gegen Ihr Konzept bringen werden, dann können Sie durch einen geeigneten Preframe den Einwand entkräften, bevor er zu einem Problem für Sie wird. Preframes können Sie in vielen Situationen nutzbringend einsetzen.

Bei der Einführung eines neuen Unternehmenskonzepts könnten Vorstand und Kollegen dem skeptisch gegenüberstehen. Ein passender Preframe könnte lauten:

„Vielleicht gibt es den ein oder anderen unter Ihnen, der der Einführung dieses neuen Konzeptes skeptisch gegenübersteht. Das ist verständlich, denn auch in anderen Unternehmen haben viele Vorstandsmitglieder zuvor Gedanken gehabt. Wer jedoch diesen Schritt gegangen ist, hat später daraus viele Vorteile erlangt, die wir noch im Einzelnen diskutieren werden!"

Durch diese Aussage vermeiden Sie, dass Ihre Zuhörer gleich zu Beginn ihre Bedenken äußern und Sie sich in unnötige Diskussionen verwickeln.

Einwände zu Wünschen machen

Viele Menschen äußern Wünsche durch Bedenken. Eine besonders schnelle Reframing-Methode ist, Einwände in Wünsche zu verwandeln. Im Unternehmen eignet sich diese Form des Reframings, um Mitarbeitende für die Führungsziele zu interessieren.

Betriebsrat: „Die Unternehmenspolitik ist zu innovativ!"
Führungskraft: „Sie möchten also eine Vorgehensweise, die eine eher konservative Unternehmenspolitik vertritt. Ist das richtig?" Betriebsrat: „Ja."
Führungskraft: „Das heißt, wenn ich Ihnen jetzt aufzeigen kann, dass die neue Unternehmenspolitik auf Bewährtes setzt und dennoch progressiv ist, dann würden Sie mitgehen. Ist das richtig?"

Es reicht, die Bewertung

eines Problems zu ändern, statt

das Problem zu verändern.

Paul Watzlawick

Wer nichts weiß, muss alles glauben.

Marie von Ebner-Eschenbach

Wer neu ins Unternehmen kommt, arbeitet immer auch mit dem Vokabular, das er vorfindet, selbst dann, wenn es nicht zum eigenen Denken passt. Deshalb sollten Sie sich strategisch mit Ihrer Wortwahl auseinandersetzen und auch die im Unternehmen bisher verwendeten sprachlichen Muster kritisch analysieren.

Die Botschaften aus der Blase der Unternehmenskultur erzeugen oder festigen Glaubenssätze und Überzeugungen. Glaubenssätze sind Lebensregeln, die wir für wahr halten. Sie sind auch Interpretationen und Verallgemeinerungen aus früheren Erfahrungen sowie aus individuellen Theorien, warum etwas so und nicht anders ist. Glaubenssätze sind Grundlagen des Denkens und Wahrnehmungsfilter, die uns verstärkt auf das lenken, was wir glauben. Diese "Wahrheiten" prägen den Umgang mit sich und den anderen Menschen. Sie werden sprachlich in Form von Verallgemeinerungen oder von Ursachen-Wirkungs-Konstruktionen ausgedrückt und beinhalten meist Nominalisierungen.

Beispiel: „Schuld an der Misere ist die Unternehmensleitung."

Die meisten Glaubenssätze sind fördernd und funktional, andere eher einschränkend. Ein einschränkender Glaubenssatz erzeugt negative Gedanken und Gefühle und beeinflusst damit auch ganz entscheidend die Qualität der Kommunikation nach innen und außen.

Beispiele negativer Glaubenssätze:

- Mit denen vom Betriebsrat kann man einfach nicht reden.

- Das haben wir doch schon immer so gemacht.
- Wir können das nicht schaffen, das ist einfach unrealistisch.
- Mein Job hängt von meiner Leistungsbilanz ab.
- Man darf nicht „Nein" sagen oder unfreundlich sein.

Einschränkende Glaubenssätze verhindern Wahlmöglich-keiten im Denken und sind schwer als solche zu entdecken, („es weiß doch jeder, dass..."). Sie stellen in der Regel eine Behauptung auf, ohne anzugeben, woher dieses „Wissen" stammt. Überprüfen Sie Ihre einschränkenden Glaubenssät-ze mit den Fragen:

- Woher weiß ich das? Warum ist mir das so wichtig? Was bedeutet das für mich?

Damit Glaubenssätze ihre blockierende Wirkung verlieren, können Sie diese so umformulieren, dass Ihnen ein anderes Handeln wieder möglich wird.

22. Schlusswort: Kongruenz

Das Große ist nicht dies oder das
zu sein, sondern man selbst zu sein.

Sören Kierkegaard

Kongruenz ist eine der wichtigsten Qualitäten einer Führungskraft. Kongruenz lässt sich übersetzen mit Aufrichtigkeit oder Glaubwürdigkeit. Einer der wichtigsten Aspekte für eine gelungene Kommunikation ist die Kongruenz zwischen der „Botschaft" und dem „Sender". Dabei geht es darum, sein Handeln darauf zu überprüfen, ob es mit den eigenen Fähigkeiten, Überzeugungen, Werten und seiner Rolle im unternehmerischen Kontext in Einklang steht.

Oftmals sind im Arbeitsalltag inkongruente Botschaften wahrzunehmen, also eine Diskrepanz zwischen dem Gesagten und den nonverbalen Signalen. So mag manche Aussage sehr selbstbewusst und überzeugend klingen, die nonverbalen Signale sprechen jedoch eine andere Sprache und das Auftreten der Führungskraft erscheint nicht stimmig. So bejaht ein Abteilungsleiter in einem Mitarbeitergespräch die Frage, ob er die die Probleme seiner Mitarbeitenden ernst nehme. Sein „Ja" wird begleitet von einem Ausatmen und hängenden Schultern.

Inkongruent ist eine Botschaft meist dann, wenn Worte nicht zur Stimme oder Mimik nicht zum Inhalt der Worte passen. Auf der rein sprachlichen Ebene zeigen sich inkongruente Botschaften gern durch die Worte „aber" oder „eigentlich". In einer solchen Situation befinden Sie sich nicht im Rapport zu sich selbst und das, was Sie sagen, kommt nicht mit Power aus Ihrem Inneren.

Vielen Menschen gelingt es immer wieder, den Rapport zu sich selbst zu unterbrechen, statt ihn herzustellen.

Zum Beispiel in dem sie etwas aus kognitiver Einsicht tun, obgleich das innere Gefühl etwas Anderes sagt.

Kongruent sollten also Ihre Gefühle zu den Inhalten Ihrer Botschaften sein. Fragen Sie sich, ob Sie ein gutes Gefühl zu dem haben, was Sie in der Führung tun – ist es noch genau das, was Sie immer gerne machen wollten?

Auf einer anderen Ebene lassen sich Inkongruenzen auch häufig beobachten als Diskrepanzen zwischen der unternehmerischen Mission und dem eigenen Handeln: wenn Führungskräfte nicht nach den Prinzipien handeln, die die Identität des Unternehmens ausmachen. Walk your talk heißt die Maxime. Wer als Saubermann auftritt, sollte sich auch adrett und schmutzfrei kleiden. Wer die Mitarbeitenden zu einem „Ruck" auffordert, sollte selbst mit anpacken.

Mit der nachfolgenden Übung können Sie sich nicht nur auf Kongruenz überprüfen, sondern auch ein bisschen besser kennenlernen. Bringen Sie sich selbst „auf die Reihe" und starten Sie in eine gelungene Kommunikation. Willkommen beim Brücken bauen.

Lektion 11: Bringen Sie sich selbst auf die Reihe

Kongruent sein bedeutet in Übereinstimmung zueinanderstehen, sich selbst auf eine „Linie" bringen, sich stimmig
ausrichten. Überprüfen Sie, inwieweit Ihr Handeln mit Ihren
Fähigkeiten, Überzeugungen, Werten und Ihrer Rolle im Füh-
rungskontext in Einklang steht.

Der erste Schritt zur Kongruenz besteht darin, dass Sie diese   <
auch wahrnehmen können. Nur dann sind Sie auch in der Lage
festzustellen, wann sie nicht vorhanden ist.

Das Konzept der sogenannten Logischen Ebenen von Robert   <
Dilts ermöglicht es Ihnen, zu überprüfen, ob alle Ebenen Ihrer
Persönlichkeit im Einklang zueinanderstehen.

Starten Sie zunächst auf der Ebene Umwelt. Wenn Sie auf der
Ebene „Zugehörigkeit" angekommen sind, verinnerlichen Sie
das Gefühl der Gemeinsamkeit, einer Vision oder eines „Auf-
trags" und nehmen Sie das Gefühl auf dem Rückweg mit auf
alle Ebenen. Was zeigt Ihnen den Zustand der Kongruenz an?
Wo sehen Sie Veränderungsbedarf?

Vision Zugehörigkeit Organisation	Zu wem oder was fühlen Sie sich zugehörig oder nahe? Dem Unternehmen? Was ist der größere Sinn von dem was Sie tun, was ist Ihre Vision?
Identität, Rolle	Wer sind Sie da in Ihrer Organisation? In welcher Rolle agieren Sie da? Passt Ihre Rolle zu Ihrer Zugehörigkeit? Ist sie stimmig?
Werte **Überzeugungen**	Was ist Ihnen wichtig bei dem was Sie tun? Was muss einem anderen wichtig sein, wenn er Sie vertreten soll? Passen Ihre Werte zur Firma und zu Ihrer Rolle? Wovon sind Sie überzeugt? Was glauben Sie über die Welt, über die Firma und Ihre Rolle. Passen Ihre Überzeugungen mit Ihrer Vision und Ihrer Rolle überein? Welche Überzeugungen sind eher hinder-lich oder veraltet?
▼ nächste Seite	▼ nächste Seite

Fähigkeiten Wie tun Sie es?	Welche Fähigkeiten aktivieren Sie, um Ihre Werte und Überzeugungen leben zu können? Welche Fähigkeiten fehlen Ihnen noch? Was motiviert Sie, um Ihre Rolle ausfüllen zu können? Wie nehmen Sie Informationen auf und wie verarbeiten Sie diese? Welche Überzeugung steht hinter dem Einsatz Ihrer Fähigkeiten?
Verhalten Was tun Sie? Was ist von außen sichtbar?	Wie verhalten Sie sich? Andern gegenüber und sich selbst? Passt Ihr Verhalten zu Ihren Überzeugungen und Werte? Sind Verhalten und Identität im Einklang? Verhalten Sie sich so, dass Ihre Zugehörigkeit zum Ausdruck bringen können?
Umwelt Orte, Zeitpunkt, Menschen	In welcher Umgebung arbeiten Sie gern? Was gehört alles dazu, damit Sie das, was Sie tun, optimal tun können? Personen? Dinge? Ein bestimmter Ort? Welche Stimmung herrscht dann? Was sehen Sie, was hören Sie und welche Gefühle bestimmen Ihr Verhältnis zu Ihrem beruflichen Umfeld?

Zuerst die innere Haltung, dann die äußere Form!

Konfuzius

Sie ist nicht messbar und doch immens wichtig: die innere Haltung. Haltung wirkt sich auf das eigene Verhalten aus und bestimmt damit den Umgang mit sich selbst und anderen. Haltung entsteht dadurch, dass man Erfahrungen immer wieder macht, positive wie negative. Diese Erfahrungen geben als Gewohnheiten Halt und schaffen die Haltung, mit der in der Umwelt interagiert wird. Dabei spiegelt Sprache die innere Haltung wider, meist in Form von Glaubenssätzen.

Viele Führungskräfte sind sich ihrer inneren Haltung nicht einmal bewusst und kennen auch deren Auswirkungen nicht. Um die eigene innere Haltung zu identifizieren gilt es, die eigenen Sprache auf einschränkende Glaubenssätze zu überprüfen. Welche Glaubenssätze sind aus den eigenen beruflichen Erfahrungen entstanden und welche wurden von anderen übernommen?

Wer seine innere Haltung nicht offenbaren mag, setzt gern Worte wie „man" statt „ich" und reduziert seine Welt auf ein einfaches Ursache-Wirkung-Prinzip (weil Du nicht mit mir redest, geht es mir schlecht).

Soll nun eine neue Haltung implementiert werden, geht das nur emotional über das limbische System[1] im Gehirn. Kognitiv ist eine Haltung nicht veränderbar. Die kognitiv-sprachliche Ebene des Gehirns hat kaum Wirkung auf die limbischen Ebenen.

---

[1]Das limbische System steuert Funktionen wie Emotionen, Triebverhalten und, Antrieb. Dabei arbeitet es mit anderen Gehirnbereichen eng zusammen.

Anhang

24. NLP-Fachwörter

Englische Fachbegriffe sind hier in der Originalschreibweise aufgeführt, auch wenn sie im NLP-Sprachgebrauch und in diesem Buch zum Teil in eingedeutschter Form verwendet werden.

Absicht (positive): der Zweck, die Intention, das erwünschte Ziel einer Handlung

„Als-ob"-Rahmen: eine vorgestellte, fiktive Situation, die ein bestimmtes Ereignis als bereits geschehen erscheinen lässt und ermöglicht, so zu denken, „als ob" es schon eingetreten sei

analog: stufenlos variabel (veränderlich) zwischen zwei Extremen oder Begrenzungen

ankern: ein beliebiger Reiz (Stimulus, Anker) wird mit einer Reaktion verbunden

assoziiert sein: ganz und gar in einem Erlebnis (oder einer Erinnerung) sein, voll und ganz mit allen Sinnen beteiligt sein

auditiv: den Hörsinn, das Hören betreffend

Augenbewegungsmuster: Bewegung der Augen in eine bestimmte Richtung, die visuelles, auditives oder kinästhetisches Denken anzeigt

Bedeutungsreframing: einer Aussage eine andere Bedeutung verleihen, indem man fragt: „Was könnte es noch bedeuten?"

digital: variabel, veränderlich, wechselnd zwischen nur zwei alternativen Zuständen

Framing: Rahmen, Informationen werden in einen bestimmten Rahmen gesetzt zwecks Steuerung innerer Prozesse

dissoziiert sein: nicht mit seiner ganzen Persönlichkeit in einem Erlebnis sein; es von außen sehen oder hören

führen (leading): eigene Verhaltensweisen in einer Situation verändern und dabei so viel Rapport beibehalten, dass die andere Person ebenfalls mit einer Verhaltensveränderung folgt

Generalisierung: Verallgemeinerung von Informationen oder Erfahrungen

Glaubenssatz (belief): Glaubenssätze beinhalten die „Generalisierungen", die wir über die Welt machen

gustatorisch: Sinneswahrnehmung, das Schmecken

Identität: das Selbstbild oder Selbstkonzept eines Menschen; für wen er sich hält, wer er zu sein meint

internale Repräsentation: Abbild von Informationen, die wir innerlich erschaffen und abspeichern (Bilder, Geräusche, Gefühle)

kinästhetisch: den Gefühls- und Tastsinn, das Fühlen, Betasten, Anfassen betreffend

Kongruenz: der Zustand, in dem alle Persönlichkeitsanteile für ein gemeinsames Ziel zusammenarbeiten

Kontextreframing: den Kontext, den Zusammenhang, das Umfeld verändern (auswechseln), um einem Verhalten, einer Aussage eine andere Bedeutung zu geben

Kriterien der Wohlgeformtheit: eine Art und Weise, ein Ziel so zu formulieren, dass es sowohl erreichbar als auch überprüfbar wird

Landkarte: das einzigartige Weltbild, das jeder Mensch sich aus seinen individuellen Wahrnehmungen und Erfahrungen erschafft

Meta-: auf einer anderen (höheren) Ebene befindlich; abgeleitet vom griechischen Wort für „über", „darüber hinaus"

Meta-Programme: kognitive und nicht-kognitive Fähigkeiten, Filter, die wir unserer Erfahrung aufsetzen

Modell der Welt: die Gesamtsumme aller Verhaltensregeln, aller Annahmen eines Menschen über die Welt

Meta-Modell: Modell des Modells Sprache, System von Sprachmustern

Logische Ebenen: Umwelt, Verhalten, Fähigkeiten, Einstellungen und Glaubenssätze, Identität und Zugehörigkeit; auch als die unterschiedlichen logischen Ebenen der Erfahrung bezeichnet

Ökologie: das dynamische Gleichgewicht von Elementen in einem System

olfaktorisch: Sinneswahrnehmung, das Riechen

pacing: Rapport mit einer anderen Person gewinnen und eine Zeitlang aufrechterhalten, indem man sich auf ihr „Modell der Welt" einlässt (angleichen)

Rapport: der Prozess, durch den man eine Beziehung gegenseitigen Vertrauens und Verstehens mit anderen Menschen aufbaut

Reframing: umdeuten; den Bezugsrahmen einer Aussage verändern oder auswechseln, um ihr eine andere Bedeutung zu verleihen

Repräsentation: Speicherung von auf Sinneswahrnehmungen beruhenden Informationen im Gehirn

Ressourcen: jegliche (Hilfs-) Mittel, die eingebracht werden können, um zum Erreichen eines Ziels beizutragen

ressourcenreicher Zustand: die Gesamtheit des neurologischen und physischen Erlebens in einer Situation, in der jemand, über alle Kräfte verfügend, sich einer Situation gewachsen fühlt

Strategie: eine Gedanken- und Verhaltenssequenz, die dazu dient, ein bestimmtes Ziel zu erreichen

Submodalität: feine Unterscheidung, Abstufung innerhalb eines der fünf Repräsentationssysteme (Modalitäten), der kleinste Baustein unserer Gedanken

Tilgung: Weglassen von Informationen

Verzerrung: Informationen und Erfahrungen werden individuell ausgelegt und interpretiert

Vorannahme: Aussagen, die als gegeben angenommen werden und einer bestimmten Mitteilung einen entsprechenden Sinn verleihen

Wahrnehmungskanal, auch Repräsentationssystem: die Art und Weise, wie wir Informationen in unserem Gehirn in einem oder mehreren der fünf Sinneskanäle verschlüsseln: visuell, auditiv, kinästhetisch, olfaktorisch (Geruch) oder gustatorisch (Geschmack)

Wahrnehmungsposition: die Betrachtungsweise oder Standpunkte, welche wir zu einem bestimmten Zeitpunkt einnehmen

Ziel (outcome): ein konkretes, sinnlich wahrnehmbares, erwünschtes Ergebnis, das den Kriterien für Wohlgeformtheit entspricht

Zugangshinweis: die Form, wie wir unseren Körper durch Atmung, Körperhaltung, Gestik und Augenbewegungen darauf einstellen, in bestimmter Weise zu denken

Zustand (state): die Stimmung; die Gesamtsumme aller neurologischen und körperlichen Prozesse in einem Individuum zu einem beliebigen Zeitpunkt

25. Benutzte Literatur

- Andreas, Steve / Faulkner, Charles: „Praxiskurs NLP". Junfermann Paderborn 1998 (2. Auflage)
- Bagley, Dan / Reese, Edward: „Beyond Selling". VAK-Verlag: Freiburg 1990 (1. Aufl.)
- Charvet, Shelle Rose / Milojevic, Vukadin: „Wort sei Dank". Junfermann: Paderborn 2004 (3. Auflage)
- Dilts, Robert: „Von der Vision zur Aktion". Junfermann: Paderborn 1998
- Ders.: „Professionelles Coaching mit NLP". Junfermann: Paderborn 2005
- Hansen, Guenther: „Multimodales Recruiting". BoD-Verlag: Norderstedt 2016
- Hebenstreit, Roman / Mernyi, Willi / Niedermair, Michael: „Mit NLP zum politischen Erfolg". ÖGB-Verlag: Wien 2006 (4. Auflage)
- James, Tad / Shephard, David: „Die Magie gekonnter Präsentation". Junfermann: Paderborn 2005 (2. Auflage)
- Lakoff, George / Johnson, Mark: „Leben in Metaphern: Konstruktion und Gebrauch von Sprachbildern". Carl-Auer Verlag: Heidelberg 2014
- Mohl, Alexa: „Der Zauberlehrling – Das NLP-Lern- und Übungsbuch". Junfermann: Paderborn 2003 (8. Auflage)
- O'Connor, Joseph / Prior, Robin: „Fair verkauft sich gut". VAK Verlag: Freiburg 1996
- O'Connor, Joseph / Lages, Andrea: „Coaching mit NLP". VAK Verlag: Freiburg 2005
- O'Connor, Joseph / Seymour, John: „Neurolinguistisches Programmieren – Gelungene Kommunikation und persönliche Entfaltung". VAK Verlag: Freiburg 2010 (20. Aufl.)
- Sommer, Jochen: „NLP for Business", Gabal Verlag GmbH: Offenbach 2008 (2. Auflage)
- Trageser, Waltraud / von Münchhausen, Marco: „Die NLP Kartei – Practitionerset". Junfermann: Paderborn 2000
- Wehling, Elisabeth: „Politisches Framing". Herbert von Halem Verlag: 2016 (1. Auflage)

Links

- www.nlpedia.de
- www.Sprachkompass.ch
- www.dvnlp.de
- www.nlpu.com

Liste der zitierten Personen

- **Aurel, Marc**
  Von 161 bis 180 n. Chr. römischer Kaiser und als Philosoph
  der letzte bedeutende Vertreter der jüngeren Stoa
- **Brecht, Bertold**
  Deutscher Dramatiker, Begründer des epischen Theaters,
  bekanntestes Werk ist seine Dreigroschenoper
- **Chesterton, Gilbert Keith**
  Englischer Schriftsteller und Journalist. Er schuf die Figur
  Pater Brown.
- **Drucker, Peter Ferdinand**
  US-amerikanischer Ökonom österreichischer Herkunft.
  Er gilt als ein Pionier der modernen Managementlehre.
- **Einstein, Albert**
  Deutscher Physiker mit Schweizer und US-amerikanischer
  Staatsbürgerschaft. Er gilt als einer der bedeutendsten theo-
  retischen Physiker der Wissenschaftsgeschichte.
- **Ebner-Eschenbach, Marie Freifrau von**
  Österreichische Schriftstellerin, bekannt für psychologische
  Erzählungen
- **Ferstl, Ernst**
  Österreichischer Lehrer und Schriftsteller. Unter anderem
  stammen von ihm die sogenannten Wegweiser.
- **Ford, Henry**
  US-amerikanischer Erfinder und Automobilpionier. Er grün-
  dete den Automobilhersteller Ford Motor Company
- **Goethe, Johann Wolfgang von**
  Deutscher Dichter und Naturforscher. Er gilt als einer der
  bedeutendsten Schöpfer deutschsprachiger Dichtung.

- **Kafka, Franz**
  In Prag geborener, deutschsprachiger Schriftsteller, sein Werk zählt zum Kanon der Weltliteratur
- **Kierkegaard, Sören**
  Dänischer Philosoph, Essayist, evangelisch-lutherischer Theologe und religiöser Schriftsteller
- **Macke, August**
  Einer der bekanntesten deutschen Maler des Expressionismus
- **Saint-Exupéry, Antoine de**
  Franzose, Berufspilot, Autor des Kultbuches „Der kleine Prinz"
- **Shaw, Bernard**
  Irischer Dramatiker, erhielt 1925 den Nobelpreis für Literatur
- **Watzlawick, Paul**
  Österreichischer Philosoph, Psychotherapeut, Kommunikationswissenschaftler

Autor

Guenther Hansen studierte Betriebswirtschaft und Kommunikationspsychologie. Viele Jahre war er als Personalleiter eines Konzerns und als Lehrbeauftragter für Personalwirtschaft tätig. Seit mehr als 20 Jahren arbeitet der NLP-Lehrtrainer als Personalberater mit den Schwerpunkten Recruiting und Kommunikation.

Weitere Veröffentlichungen:

KISS2YOU, BoD, 2024,
ISBN 978-3-7583-1744-6

Neuromodales Recruiting, 2. Auflage, BoD 2023,
ISBN 978-3-7392-3070-2

Notizen

Notizen

Notizen